Wilhelm Schlemmer

•

Lebensraum zwischen Barrikaden

Wilhelm Schlemmer

Lebensraum zwischen Barrikaden

Alltagsszenen aus einem Pfarrhaus in der DDR

FRIELING

Für meine Frau und unsere Kinder,
die unersetzlichen Mitstreiter

Bibliografische Information der Deutschen Nationalbibliothek
Die Deutsche Nationalbibliothek verzeichnet diese Publikation in der Deutschen Nationalbibliografie;
detaillierte bibliografische Daten sind im Internet über
http://dnb.d-nb.de abrufbar

Rheinstraße 46, 12161 Berlin
Telefon: 0 30 / 76 69 99-0
www.frieling.de

ISBN 978-3-8280-2625-4
1. Auflage 2008
Umschlaggestaltung: Michael Reichmuth unter Verwendung zweier Fotos des Autors

Printed in Germany

Inhalt

Vorwort

Anfänge

1961, vier Wochen stand die Mauer, kommt der Gemeindepastor spätabends ins Predigerseminar an St. Michael in Hildesheim mitten in ein Abschiedsfest für scheidende Vikare. Ich komme gerade von der Leipziger Messe, sagt er mir, die warten auf Sie. Wer wartet? Die Vikare im Predigercolleg in Leipzig-Gohlis. Das war mal Ihr Partnerseminar. Kann man denn da hinfahren? Ja, mit Messeausweis. Und wie bekommt man den? Hannover, Reisebüro Fröhlich. Am nächsten Morgen saß ich im Interzonenzug. Unser Verfassungsschutz saß freilich, was wir nicht wussten, fröhlich mit im Reisebüro und auch die Staatssicherheit registrierte, wie ich später merkte, die Einreise.

Predigercolleg Leipzig. Studiendirektor Gottfried Voigt, Studieninspektor Johannes Hempel, Vikare, unter ihnen Wilhelm Schlemmer. Schon am Horizont, Frau Annette. So fing das an. Es folgten fast 30 Jahre grenzüberschreitender Freundschaft mit Reisen – bis auf zwei bemerkenswerte Ausnahmen – von West nach Ost und mit vielen glaubenstärkenden Erlebnissen von Ost nach West.

Die elende Grenze

Es ist kalt und grau. Wir stehen in Marienborn.

Unser vierjähriger Thomas und ich. Der Mann in Uniform ist mit bösem Gesicht und unserer großen Tasche davongegangen. Nach einer Stunde sagt der Kleine, das dauert aber lange.

Endlich, nach drei Stunden kommt der Grenzbeamte mit unserer Tasche zurück. Sie ist plombiert. Es sind republikfeindliche Druckerzeugnisse enthalten, sagt er mit schnarrender Stimme und feindseligem Blick, Sie melden sich in Leipzig in der Johannesgasse beim Zoll der Deutschen Demokratischen Republik.

Wir fahren mit gemischten Gefühlen Richtung Magdeburg, dann Abfahrt Burg rechts ab und über Landstraßen unterschiedlicher Qualität zur Messestadt Leipzig. Und während ich fahre und den Kleinen zu unterhalten suche, laufen einem dauernd die Gedanken davon. Der Magen hatte sich schon vor Marienborn gemeldet. Diese verfluchte Grenze. Hätte ich doch bloß nichts mitgenommen. Jedes Mal diese Angst. Bisher ging es meistens gut. Die Idee, den Kleinen – weil's harmloser wirkte – nach Leipzig mitzunehmen, hatte sich doch nicht ausgezahlt.

Als der Uniformierte fragte: „Haben Sie Druckerzeugnisse dabei?", hatte ich das verneint. Zeitschriften hätte ich nicht dabei. Bisher ließen sie mich meist ungeschoren durch. Diesmal aber hatte er gefragt: „Was ist denn in der Tasche da auf dem Rücksitz? Machen Sie die mal auf." Ich hatte gesagt: „Das ist Fachliteratur für einen Vortrag in der Schweiz. Ich fahre bei Bebra wieder raus und dann weiter in die Schweiz." Aber es hatte nichts geholfen. Nun also eine plombierte Tasche und die Vorladung. Mist, das wurde wieder schwierig.

Es wurde dann am nächsten Tag in Leipzig doch nicht so schlimm. Zwei Stunden Verhör. Ich konnte die uralte große schwarze Wachsplatte, in die das Gespräch eingekratzt wurde, deutlich sehen.

Die Tasche wurde geöffnet. Für jedes Buch musste ich die Begründung im mitgeführten Vortrag nachweisen. Dann wurde sie erneut plombiert. Sie sollte ungeöffnet wieder über die Grenze reisen.

Zum Glück ließ sie sich seitlich aufschneiden, durch andere Bücher auffüllen, unauffällig wieder zunähen und die Freunde konnten die neuen Bücher, besonders die theologische und die für die Gemeindearbeit wichtige Literatur, durchackern. Als wir die Grenze auf der Heimfahrt hinter uns hatten – die plombierte Tasche blieb unbehelligt –, habe ich einen kurzen Augenblick, im Vollgefühl der Freiheit, die vorgeschriebene Geschwindigkeit weit überschritten. Wenn ich hier erwischt würde, dann war das unsere Polizei. Vor der brauchte ich keine Angst zu haben.

Die Grenze war das Unangenehmste. Schon in der Warteschlange taxierten wir die Uniformierten. Es gab Verträgliche und Unerträgliche. War eine Frau dazwischen, gar eine mit schwarzen, glatten, hinten in einen Knoten mündenden Haaren, dann war meist Schlimmes zu befürchten. Sie mussten sich vor den Männern profilieren.

Kurzzeitheimat

Wenn ich Wilhelm Schlemmers Beschreibungen lese, ist alles wieder da.

Meist ging es schnell zu den Freunden.

Ihre erste sorgenvolle Frage war immer: „Wie seid ihr über die Grenze gekommen?“ Man spürte, wie sehr es sie ärgerte, wenn wir wieder schikaniert worden waren. Dann schnell zum Messebüro und angemeldet. In der ersten Zeit haben wir uns auch ein normales Messequartier bei einer Leipziger Familie geben lassen. War unverfänglicher.

Irgendwann morgens – vor dem Weggang zur Buchmesse – kamen zwei angeblich im Auftrag der Messe kommende Personen, sicher Spitzel, und fragten mir ein Loch in den Bauch, was ich bei der Messe wollte und ob ich Verwandte in Leipzig hätte. Hatte ich nicht. Dann kurz den Feigenblattbesuch bei der Buchmesse. Schöne Bücher, besonders aus Prag, Artia Verlag. Dann aber eintauchen bei den Freunden. Es roch wieder wie immer. Plaste und Elaste. Das harte Toilettenpapier.

Es war trotz all der Bauchschmerzen an der Grenze jedes Mal wie Sonntag, wenn wir uns trafen. Erzählen in der Küche, auf dem Flur. Wir kamen aus unterschiedlichen Welten, das musste man unentwegt nachfragen und erklären. Ja, die gelblichen Plastikscheiben waren gut angekommen und schon in der Kirche eingebaut. Die Lümmel aus der russischen Schule nebenan haben sich schön gewundert, dass diese Sorte Kirchenfenster ihren Steinen gewachsen war. Natürlich gab es immer massenhaft zu tun in der Gemeinde. Bei den mühsamen Aktionen der Materialbeschaffung. Westzigaretten sind günstig einzusetzen. In der Buchhandlung wird das einzig interessante Buch unter dem Tresen hervorgeholt, als der Laden leer ist. Die unendlichen Gespräche an den langen Abenden und Nächten. Immer wieder die Primitivität der antichristlichen Argumentation. Selten mal ein intelligenter Atheist, gar Marxist. Aber die Primitivität hat die Macht. Die Freude über die kleinen Siege, der Grimm über die unvermeidlichen Niederlagen. Die verschiedenen Tauwetter- und neuen Eiszeitperioden. Was zwischen den Zeilen im Neuen Deutschland stand. Naturwissenschaft und Glaube. Die besten Gespräche waren jene, die der Selbstvergewisserung des Glaubens in einer säkularen Welt galten. Wie lässt sich die Realität Gottes in einer durch Naturwissenschaft und Technik geprägten Welt aufzeigen? Wie predigst du realitätsnah und erdverbunden, ohne dich und deine Hörer und Gesprächspartner mit einer innerkirchlichen Scheinweltsprache einzulullen? Den ideologischen Atheismus ernster nehmen, als er es verdient. Herausfinden, welche Bestreitungen des Glaubens berechtigte Anfragen sind. Ehrliche Antworten versuchen. Das war das Beste.

Später auch die Treffen im kleinen Grenzverkehr von Göttingen aus. Treffpunkt Wartburg-Auto-Pavillon in Eisenach. Wanderungen um die Wartburg.

Im Laufe der Jahrzehnte sind uns die Michaeliskirche in Leipzig und das Pfarrhaus mit dem Jugendstiltreppenhaus, später der Dom zu Freiberg mit der Superintendentur am Untermarkt zu einer Art Kurzzeitheimat geworden. Der Familie Schlemmer große Gabe der Zugewandtheit, zusammen mit ihren drei Kindern, von denen der Thomas mit elf Jahren starb, das alles war wie eine warme Kaminrunde, zu der wir uns gern versammelten. So ging es vielen.

In Dresden saß Johannes Hempel, inzwischen Bischof, im mit Mikrofonen „verwanzten“ Bischofshaus. Erst nach der Wende wurde der unglaubliche Umfang dieser Abhörmaßnahmen erkennbar. Aber es war schon damals immer klar, die brisanten Dinge werden beim Spaziergang im Park erzählt.

Durchlöcherte Grenze

Dies Buch ist nötig, weil die Jüngeren es nicht mehr wissen können, weil Ewiggestrige die alte DDR nachträglich mit verlogenem Glanz ausstatten und bei zu vielen Erfolg damit haben, weil es die Geschichte einer zähen und offensiven öffentlichen Bezeugung des christlichen Glaubens ist.

Warum sind wir immer wieder „nach drüben“ gefahren?

Es ist klar, weil wir Schlemmers als Freunde dort hatten. Wir sind fast verwandt geworden.

Aber wir sind nach drüben gefahren, weil wir diese widernatürliche Grenze nicht anerkennen wollten, sie missmutig anerkennen mussten – und übrigens vom Zusammenbruch der DDR total überrascht wurden.

Natürlich hat das auch alles seine Abenteuerlichkeit, wie z. B. Angst und Freude beim „gerechten“ Bücherschmuggel, gehabt.

Wir haben um der Einheit unserer Kirchen willen Verbindungen gehalten. Wir waren mit den Lutheranern in Sachsen partnerschaftlich verbunden. Fast alle Gemeinden unserer Landeskirche hatten Partnergemeinden in Sachsen. Solche Verbindungen waren freilich in der Zeit der Mauer lebendiger als heute, wo wir jederzeit zueinander kommen könnten.

Die Abordnungen der Landeskirchenämter Hannover und Dresden trafen sich jährlich. Zu gemeinsamen kirchlichen Kommissionen Ost-West trafen sich die Kirchen ständig in Ostberlin. Die kirchliche Durchlöcherung der Grenze ist eine spannende Geschichte und muss unbedingt noch geschrieben werden.

Das, was die Freunde da als Kirche, als Gemeinde, als Einzelne in der DDR erlebten und was Wilhelm Schlemmer so eindrücklich schildert, erschien uns als der Ernstfall des Glaubens. Denen wehte wirklich starker Wind ins Gesicht.

Dagegen hatten wir nur den milden Winden einer schleichenden Säkularisierung entgegenzuarbeiten. Als dann freilich nach der Wende der Säkularisierungsschub durch die zu unserer Überraschung nachhaltig gelungene Vertreibung des Glaubens aus den Herzen und Hirnen des weitaus größten Teils der DDR-Bevölkerung bei uns wirksam wurde, haben wir gemerkt, wie wirksam auch die schleichende Säkularisierung ist. Wir stehen vor neuen missionarischen Aufgaben.

Nach der Wende wurde spürbar, dass wir uns in mancher Hinsicht trotz aller Vertrautheit auch mit Sonntagsgesichtern begegnet waren. Der Ernstfall des Zusammenlebens begann in dem Augenblick, als wir 1990 sagten, ihr werdet doch die Kirchensteuer einführen müssen. Jedenfalls könnt ihr nicht mit dem Argument, wir sind aber ohne Kirchensteuer das christlichere Kirchenwesen, eure finanziellen Defizite durch unser über die Kirchensteuer aufgebrachtes Geld finanzieren lassen. Wir müssen euch bitten, den konfessionell geprägten Religionsunterricht als ordentliches Lehrfach trotz aller Schwierigkeiten zu befürworten, sonst wackelt dieses Recht bei uns. Wir bitten euch, einen Modus der Seelsorge für Soldaten zu finden, der mit unserem Militärseelsorge-Vertrag kompatibel ist.

Solches Tauziehen hat im Januar 1990 mit der Loccumer Erklärung begonnen und war in den folgenden Jahren nicht ohne Schmerzen.

Seltsamerweise hat dergleichen im Verhältnis zwischen Schlemmers und uns überhaupt keine Rolle gespielt. Wir haben uns gegenseitig unwahrscheinlich zum Verstehen unserer jeweiligen Situation verholfen.

Man spürt diesem Buch an, dass die für Kirchen und Christenmenschen schwierigen Zeiten der DDR-Zeit gleichwohl eine spannende und erfüllte, und überhaupt nicht verlorene oder minderwertige Lebenszeit war.

Daran ein wenig beteiligt gewesen zu sein ist für uns, meine Frau und mich und unsere vier Jungen, ein Grund zum Dank.

Landesbischof i. R.
D. Horst Hirschler
Abt zu Loccum

Warum dieses Buch entstand

Eigentlich gibt es auf dem Markt genügend Bücher über die DDR: über die Stasi und ihre Foltermethoden, über die Mauer und ihre Toten, über das ZK der SED und ihre Probleme und auch über die Zeit nach alledem. Alle diese Berichte sind wichtig, und wer sich informieren will, findet genug Material. Über den „normalen" Alltag in der DDR, in welchem man auch die Stasi und die SED und die Armee einmal vergessen oder verdrängt hatte (wer kann und will schon täglich vom Morgen bis zum Abend im Bewusstsein leben, überwacht zu werden?), habe ich nur sehr wenig gefunden. Vieles ist vergessen, und viele Erfahrungen – vor allem Erfahrungen der Willkür und Rechtlosigkeit, die zum System der Unterdrückung gehörten – gingen verloren, wie Gespräche zeigen.

Die konkreten Anlässe sind aber folgende: Die (ostdeutschen) Kinder der Nach-DDR-Generation, die „Nachgeborenen", beginnen zu fragen und warten auf eine Antwort. „Warum wolltet ihr die DDR nicht?" und „Warum habt ihr euch das alles gefallen lassen?" und „Warum durfte die Mutti nicht zu den Pionieren und nicht in die FDJ?" und „Warum hast du nicht auf einer Uni studiert?" …

In der Familie haben wir oft über die Generation unserer Eltern gesprochen und gefragt: „Warum kamen die Antworten auf unsere Fragen über Krieg und Naziherrschaft, über Judenverfolgung und Flucht so zögerlich?" Ich halte es für wichtig, die Vergangenheit zu kennen und weiterzugeben, denn nur wer die Vergangenheit kennt, aufarbeitet und bewahrt, kann die Gegenwart und die Zukunft bestehen. Alle unsere Erfahrungen liegen nur in der Vergangenheit, und diesen Schatz sollte man bewahren und benutzen. Darum „vergiss nicht, was ER dir Gutes getan hat" (Psalm 103).

Der andere Anlass für dieses Buch: Des Deutschen liebste Beschäftigung, das Jammern über ... An dieser Stelle sind der Fantasie keine Grenzen gesetzt. „In der DDR war eben doch vieles besser, die Schulpolitik, die Polikliniken, die Urlaubssituation ..." Wirklich? Ich glaube das nicht. Vielleicht ist es gut, wenn wir dies und jenes uns noch einmal vor Augen stellen, ohne dass wir – wie das landläufig so üblich ist – den „Toten" vergolden. Wir haben gute Freunde, die uns damals auch mit neuer guter Literatur versorgten. So hatten wir vielleicht schon damals einen etwas anderen Blick auf die DDR-Wirklichkeit und zu manchen DDR-Gewohnheiten eine distanzierte Haltung.

Wir haben versucht, einerseits *unser* Leben zu leben, dem Alltag unser Gesicht zu geben, zwischen den Barrikaden des Sozialismus unsere Lebensräume aufzuspüren und zu gestalten, andererseits auch – besonders bei den Auseinandersetzungen mit den Staatsvertretern – stellvertretend zu handeln für die, die abhängiger waren von der Macht der Staatspartei. Das ist teilweise gelungen, vor allem dann, wenn wir unsere Lebensräume bewusst nutzten. Teilweise war dies nicht möglich, weil die Barrikaden zu hoch oder zu gewaltsam waren.

Die Verbindungswege zu Freunden und Bekannten im anderen Teil Deutschlands und Europas waren in der Regel Einbahnstraßen. An dieser Stelle noch ein ganz herzliches Danke an alle die, die mitunter über Jahrzehnte treu und unter Aufnahme so mancher Strapaze zu uns gekommen waren. Wir wissen, das war keine Selbstverständlichkeit, aber für uns waren vor allem die Gespräche eine wesentliche Tankstelle. Auch die Briefverbindungen waren beeinflusst durch die Kontrollen. Manches konnte nur verschlüsselt geschrieben werden („Werden die Empfänger das richtig verstehen?"), und fast alle Briefe – in der Regel alle gut verschlossen – landeten zunächst nicht beim Adressaten, sondern in der Stasi-Akte, manche auch dort im Papierkorb, wie wir später ersehen konnten.

„Gewiss, es gab auch Gutes. Wo Menschen zusammenleben, gibt es immer auch Gutes, sie könnten sonst nicht leben. Das Schlechte an dem Guten nur war, dass es als Rechtfertigung alles Schlechten diente und noch dient.“ (Reiner Kunze 1977)

Dieses Buch soll Erinnerungen wach halten und denen, die auf der anderen Seite Deutschlands lebten, helfen zu verstehen, warum die Ostdeutschen auf manches anders als gewohnt reagieren.

Ich denke, das Thema „DDR“ muss und wird uns noch lange Zeit beschäftigen, uns, die wir verarbeiten müssen, aber auch für das Miteinander der Deutschen im Osten und Westen, Norden und Süden. Vielleicht kann dieses Buch ein wenig dabei helfen.

1. Kapitel: Leipzig bis 1962

Unwürdig für die sozialistische Bildung

Frühsommer 1952 – die Abschlussprüfung für die Grundschule am Ende des achten Schuljahres lag hinter uns, und wir hatten die – mündliche! – Zusage für die Fortsetzung der Schulbildung bis zum Abitur.

Im Auftrag des Direktors der Leibniz-Schule in Leipzig hatte der Klassenlehrer noch einmal nach den Berufswünschen zu fragen: „Jeder schreibt sein Ausbildungsziel an die Wandtafel." Physiker, Professor und anderes war zu lesen. Nachdem mein Name aufgerufen war, stand auf der Tafel „Missionar". Darauf der Lehrer: „Du willst also zu den Negern." Das entsprach zwar nicht meinen Vorstellungen, aber ich schwieg.

Eine Woche später: eine Vorladung zum Schuldirektor. „Du bist nicht würdig für die sozialistische Oberschule – Grund ist deine Einstellung zu unserem Arbeiter- und Bauernstaat: nicht Mitglied der Jungen Pioniere, keine Anmeldung zur FDJ … Das Abitur ist eine Auszeichnung für die Besten …"

Es sollte also bei der gesetzlichen Mindestschulausbildung von acht Jahren Grundschule bleiben. Was jetzt tun? Die Zeit war knapp.

Gut, wenn der Vater einen Freund hat, bei dem ein Lehrling für Werkzeug- und Maschinenbau unterkommen kann.

Was wird aus einem Studium? Alles ist offen.

50 Jahre danach
„Sächsisches Landesamt für Familie und Soziales
Chemnitz, 11.04.2002
Rehabilitierungsbescheinigung nach § 1 des Verwaltungsrecht-

lichen Rehabilitierungsgesetzes (VwRehaG) und nach §§ 17 und 22 Abs. 2 des Rehabilitierungsgesetzes (BerRehaG)

1. Die Rechtsstaatswidrigkeit der Verweigerung Ihrer Ausbildung an der erweiterten Oberschule durch die Leitung der Leibnizschule Leipzig im Auftrag des Rates der Stadt Leipzig im Jahre 1952 wird festgestellt.
2. Ausschließungsgründe nach § 2 Abs. 2 VwRehaG und § 4 BerRehaG liegen nicht vor.
3. Es wird bescheinigt, dass Sie von Verfolgungsmaßnahmen im Sinne des § 3 Abs. 1 BerRehaG (Verfolgte Schüler) betroffen waren …

Gründe:
… Sie entstammen einem christlichen Elternhaus und bekannten sich auch in der Öffentlichkeit zum christlichen Glauben. Sie waren deshalb kein Mitglied in der staatlichen Kinderorganisation „Junge Pioniere" und der Jugendorganisation „Freie Deutsche Jugend" (FDJ). Sie wirkten aktiv in der „Jungen Gemeinde" der evangelischen Kirche mit. Die Bezirksverwaltung Leipzig des Staatssicherheitsdienstes der ehem. DDR bestätigte die konsequente christliche Haltung Ihrer Familie und Ihre Studienabsicht in der Ausarbeitung vom 28.6.1954 …

Diese rechtsstaatswidrige Ablehnung verstieß gegen die in der DDR verfassungsrechtlich garantierte Religions- und Bildungsfreiheit …, da Sie gegenüber Mitschülern mit vergleichbaren Leistungen benachteiligt waren. Die Ablehnung Ihres Antrages zum Besuch der EOS diente Ihrer politischen Verfolgung …"

Handlanger der imperialistischen Geheimdienste

Eine Sonderausgabe der „Jungen Welt" („Organ des Zentralrates der Freien Deutschen Jugend") „enttarnt" im April 1953 auf allen Seiten den „schändlichen Missbrauch des christlichen Glaubens".

Auf der Titelseite heißt es in der Überschrift: „Junge Gemeinde – Tarnorganisation für Kriegshetze, Sabotage und Spionage im USA-Auftrag".

Die Weisung des Politbüros der SED zur „Entlarvung" der kirchlichen Jugendarbeit erging am 27. Januar 1953. Ernst Meisheimer, damals Generalstaatsanwalt der DDR, übernahm die Aufgabe, die Weisung des Politbüros der SED in allen größeren Städten der DDR und in den Medien umzusetzen.

> Nun endlich erfuhr die Öffentlichkeit die „Enthüllungen über die Verbindungsleute der ‚Jungen Gemeinde' im Westen", über den „als ‚Diakon' getarnten USA-Spion und ehemaligen Gestapo-Agenten", einen der „Hintermänner der sogenannten Jungen Gemeinde", und über das „von den westdeutschen und amerikanischen Imperialisten dirigierte verräterische Spiel der religiös getarnten Organisation" an den Universitäten und Oberschulen der Republik.

Von einem „Sturm des Protestes gegen das Treiben der Jungen Gemeinde" wusste die „Junge Welt" zu berichten. Jugendliche treten öffentlich und scharenweise aus dieser „Verbrecherorganisation" aus und distanzieren sich von den „imperialistischen Machenschaften".

Was sollte ein verängstigter junger Mensch auch anderes tun, will er nicht seine Zukunft gefährden, wenn sein Elternhaus nicht zur christlichen Tradition steht.

Am 5. März 1953 starb Stalin in Moskau; am 28. April 1953 wurde die Junge Gemeinde in der DDR „verboten"; am 11. Juni 1953 verkündete die Regierung den „neuen Kurs". Das Ziel blieb dasselbe.

Im Protokoll über die Sitzung des Politbüros der SED vom 14. März 1954 heißt es:

„Die Organisationen eines neuen Weltkrieges in den USA und in Westdeutschland verstärken ihre Anstrengungen, um durch Provokationen den Aufbau in der DDR zu stören und zu hemmen. Sie finden die Unterstützung der Leitungen der ev. und kath. Kirche. Diese, mit Dibelius, Lilje, Frings u. a. an der Spitze, stehen offen auf dem Boden der Adenauer-Politik der Militarisierung, des Revanchismus und Chauvinismus. Zur Durchsetzung ihrer verbrecherischen Ziele benutzen sie in der Deutschen Demokratischen Republik die Kirche und ihre Einrichtungen als stärkste legale Position der imperialistischen Kräfte."

Viele Jugendliche ließen sich nicht von derartigen Kampagnen beeindrucken und blieben sich treu. Das „Bekenntniszeichen" (später Kugelkreuz genannt) wurde nicht abgelegt.

Sie hatten in der Regel ein Elternhaus, in dem sie Geborgenheit erlebten.

Die Türen der Oberschulen hatten sich für sie – zum Teil schon Jahre zuvor – geschlossen. Bei einigen Schülern schlossen sich die Schultore wenige Tage vor ihrem Abitur. Andere waren bereits nach dem achten Schuljahr nicht mehr würdig, „eine sozialistische Schule zu besuchen". Ihre berufliche Zukunft fanden sie in der Regel im kirchlichen Bereich.

„Als Stalin starb …“
Auszug aus einem Schulbuchgedicht

„… Als Stalin starb, da lag die Welt verlassen,
Die Stadt, durch die ich ging, mit mir allein,
Um all das Unausdenkbare zu fassen –
Es kann nicht sein! Und was, und was wird sein?
…
So ging ich meinen Weg, von ihm geleitet,
Und immer wieder bin ich ihm begegnet
In seinem Werk. Sein Werk hat mich gesegnet …“

Walter Ulbricht nach der Geheimrede Nikita Chruschtschows vom Februar 1956 über die Verbrechen des Diktators: „In der Deutschen Demokratischen Republik hat es nie einen Personenkult gegeben.“

Ein sonniger Tag im Juni

„Männer, wollt ihr streiken?“

Diese Frage kam nicht etwa vom „Freien Deutschen Gewerkschaftsbund“, sondern von meinem Chef und Lehrmeister, ausgesprochen in seiner Werkstatt in der Leipziger Ritterstraße im Zentrum der Stadt. Die Frage verhallte ohne Antwort. Fünf Minuten später kam der Chef zurück vom Büro in die Werkstatt: „Ich habe euch gefragt, ob ihr streiken wollt! Geht mal auf die Straße …“

Die Ritterstraße in Leipzig war bereits schwarz von Menschen. Einige hatten gerade beschlossen, die Kreisleitung der FDJ zu stürmen. Das gelang mühelos – die Mitarbeiter hatten längst das Weite gesucht. Nun flogen durch die Fenster Akten und Bilder und Einrichtungsgegenstände auf die Straße. Ich reihte mich als 16-Jähriger ein in die Schar der „Konterrevolutionäre“.

Dann kam der erste Polizeilastwagen, in den Händen hielten die Uniformierten ihre Sturmgewehre. Auf der Straße waren genug (meist ältere) Männer, die sich aus vergangenen Zeiten gut damit auskannten. Die Menge stürzte sich auf die hilflose Truppe der Ordnungshüter und entwaffnete sie – ohne Gefahr, die Waffen waren ohne Munition. Diese Szene wiederholte sich mehrfach.

Inzwischen war das FDJ-Haus geräumt; die Akten auf der Straße brannten. Wir zogen weiter zum Markt. Dort brannten bereits ein Zeitungskiosk und der „Pavillon der Nationalen Front".

„Wir gehen zur Beethovenstraße." Dort waren das Kreispolizeiamt und das Gefängnis. Aber die Massen waren dort schon „bei der Arbeit", bis dann die Panzer kamen …

Der 17. Juni 1953 begann als ein sonniger Tag. Am nächsten Morgen, am 18. Juni, stand am ausgebrannten „Pavillon der Nationalen Front" unter ständiger Polizeibewachung zu lesen: „Dieses Werk faschistischer Provokateure mahnt die Werktätigen, sich noch enger um unsere Regierung zusammenzuschließen."

Bundespräsident Johannes Rau 50 Jahre später: „Der 17. Juni war eine Niederlage, aber kein Irrtum."

Nach tausendfachen willkürlichen Verhaftungen und Verschleppungen von Regimegegnern zwischen 1945 und 1949 und nach 40 bekannt gewordenen Hinrichtungen waren nun die sowjetischen Panzer eine weitere die Gesellschaft prägende Erfahrung für die kommenden Jahre.

Sich aus dieser Prägung zu befreien gelang nur wenigen und wohl nur zeitweise, aber schließlich immer öfter.

Volkswahl 1961

„Wer den Frieden will, wählt die Kandidaten der Nationalen Front des demokratischen Deutschland" – Wahlwerbung in allen Zeitungen, auf Plakatwänden an den Häuserfronten und auf den Fensterscheiben der Straßenbahnwagen. Zu wählen gab es nichts bei der Wahl: Gegenkandidaten waren nicht zugelassen, und keiner der Wähler und Wahlhelfer wusste, wie eine grundsätzliche Nein-Stimme auszusehen hat. In den Wahllokalen standen die Wahlkabinen zusammengeschoben in der Ecke: außer Betrieb.

„Sie können Ihren Stimmzettel gleich hier einwerfen", verkündete der Helfer an der Wahlurne.

Die Wählerlisten ließen anschließend die Prüfer erkennen, wer dennoch die Kabine aufgesucht hatte.

Was bleibt angesichts solcher „Demokratie"? Nicht zur Wahl zu gehen. Auch für diese Leute war gesorgt. Ab Vormittag kamen die Wahlschlepper: Lehrer, Professoren, Parteikader sollten überzeugen. Sie kamen mehrmals am Tag, jedes Mal kamen andere. Einen künftigen Pfarrer mußten Vertreter der Philosophischen Fakultät der Karl-Marx-Universität Leipzig bearbeiten – immer zu zweit, damit man sich gegenseitig helfen kann und falls das Gespräch in staatsverleumdete Aussagen mündete und Zeugen gebraucht wurden.

Auch diese Gespräche hatten das Ziel nicht erreicht. So bleibt nur Zermürbung, damit bei zukünftigen Wahlen der Widerstand gebrochen ist.

Durch die Straßen des Wohngebietes in Leipzig Gohlis fährt am Nachmittag kurz vor Schließung der Wahllokale ein Polizeiwagen; aus den Lautsprechern ist eine Warnung an alle Bewohner zu hören, mit den Bürgern NN und NN Kontakt zu pflegen:

„Sie verweigern den Kandidaten der Nationalen Front ihre Stimme, sie sind Feinde des Friedens."

Reise nach „Ägypten" und „Italien"

Ende Juni 1961 war das erste theologische Examen abgeschlossen. Am 5. August 1961 wurde geheiratet. Dann sollte – den alten Sitten entsprechend – die Hochzeitsreise sein.

Wir hatten eine Einladung nach Westdeutschland, eine Rundreise durch das Sauerland. Die Interzonenpässe für den Grenzübertritt von der DDR zur BRD waren beantragt, jeweils in dem für den Wohnort zuständigen Polizeirevier in Leipzig.

Drei Tage vor der Hochzeit hielt ich meinen Pass in der Hand; der Antrag meiner Braut wurde abgelehnt, ohne Begründung: „Wir müssen unsere souveränen Entscheidungen nicht begründen", war die Antwort auf unsere Nachfrage.

Am 13. August 1961 war die Antwort über den RIAS zu erfahren: die Mauer.

Also am Tag vor der Hochzeit ein neues Ziel für die Hochzeitsreise planen. Geld stand kaum zur Verfügung („im Westen" hätte unser Geld ohnehin nichts gebracht), Hotels waren eine Seltenheit und zudem unbezahlbar, FDGB-Mitglieder waren wir nicht, also ohne Chance auf einen Ferienplatz über die Gewerkschaft.

Gut in solchen Situationen, wenn man eine Schwester hat, die in die Überlegungen hinein bemerkt: Ihr könntet in meine Wohnung, ich bin im Urlaub.

Zwei Tage nach der Hochzeit also auf in die Wohnung der Schwester: nach Helbra, dem größten Dorf der DDR, wie es sich stolz nannte, umringt von Chemieanlagen des Volkseigenen Kombinates Bitterfeld und Wolfen, außerdem Bergbaugebiet des Kupferbergbaukombinates von Mansfeld – also nicht gerade ein Luftkurort.

Aber wir waren glücklich und machten Ausflüge in die uns unbekannte Umgebung mit unserem Motorrad Viktoria, Baujahr 1939. Die Abraumhalden wurden zu ägyptischen Pyramiden, die Wäscheleinen über der Dorfstraße von einem Haus zum anderen deuteten auf italienisches Flair – also war die Auslandsreise doch noch Realität geworden.

Am Abend war durch Vermittlung der Schwester ein Besuch bei den Nachbarn angesagt. Die hatten einen Fernseher und sahen – hinter vorgezogenen Gardinen – „den Westen“.

Eine Bedingung für uns als Verwandte der Nachbarin: Niemand durfte etwas über das Fernsehen erfahren. Denn wenige Wochen zuvor waren FDJ-Horden durch das Dorf gezogen, haben die Dachantennen heruntergerissen, um dem Klassenfeind den Einfluss zu nehmen, manchmal ging zugleich der Fernseher mit zu Bruch. Die Polizei hielt sich zurück, die Versicherung – es gab nur eine, die war staatlich – zahlte nicht.

Also war die ohnehin eingeschüchterte Bevölkerung „auf Linie“ gebracht. Bis auf wenige Ausnahmen, und von denen hatten wir eine in der Nachbarschaft.

So war trotz geschlossener Mauer ein Fenster zur freien Welt offen, und die Barrikaden waren für wenige Augenblicke vergessen.

2. Kapitel: Kreis Hohenstein-Ernstthal und Glauchau 1962–1972

„Kirchenblättchen“

Endlich alle Examen absolviert, endlich ausprobieren, was man theoretisch erörtert, gelernt, gelesen hatte. Die erste Gemeinde bestand aus drei Dörfern: Lobsdorf, Niederlungwitz, Kuhschnappel.

In dem dritten Dorf gab es keinerlei kirchliche Gebäude. Darum fanden Christenlehre und Konfirmandenunterricht noch in der Schule statt, die Gottesdienste wurden in der Gaststätte gefeiert.

Im Winter waren die Schulräume regelmäßig kalt, die Kohleöfen bereits ausgeleert – eine Situation zum Abgewöhnen.

Aus einem Schreiben vom 14. Februar 1946 an eine mit uns verwandte Katechetin wusste ich, „daß Religion als Lehrfach verboten ist und daß Klassenräume von Schulen für Religions- bezw. Konfirmandenunterricht *nur ausnahmsweise* und nur mit ausdrücklicher Genehmigung bereitgestellt werden dürfen“.

Also noch stützte das Gesetz den ständigen Kampf um die Schule dort, wo die Kirchgemeinde über keinerlei eigene Räume verfügte.

Später konnten wir in Kuhschnappel eine brachliegende Werkstatt für 99 Jahre pachten und nach sehr mühevollen Baueinsätzen einen Kirchen- und einen Christenlehreraum schaffen. Viele haben uns dabei geholfen. Ein Nachbar, „von Kindheit an ein Freidenker und Unreligiöser“, stiftete unerwartet die Paramente für den Kirchenraum im Wert von über 5000 Mark … Vergeblich versuchte die Bürgermeisterin, die Lieferung der 50

Stühle zu verhindern; schließlich wartete sie seit einigen Jahren auf die Ausführung ihrer Stuhlbestellung für die kommunalen Gemeinderäume.

Auch abgesehen von den Grabenkämpfen zwischen Staat und Kirche gehörten Kontakte zum Rat des Kreises zu den üblichen Aufgaben eines Pfarrers: Rückständige Pachtzahlungen der LPG für Kirchenland, Abwehr von Beauflagungen zur Abgabe von landwirtschaftlichen Produkten wegen des besonders großen Pfarrgrundstückes und anderes mehr.

In konstanter Regelmäßigkeit war Monat für Monat der Antrag für die Druckgenehmigung für das Kirchgemeindeblatt einzureichen: in achtfacher Ausfertigung (mit Schreibmaschine gefertigt) vier Wochen vor der gewünschten Drucklegung, also acht Wochen vor dem ersten angezeigten Datum.

Wer Probleme mit der Planung hatte, hatte hier schlechte Karten.

Bis die Druckgenehmigungsnummer erteilt wurde, an die zugleich die Menge und die Qualität des zu verwendenden Papiers gebunden war, vergingen nicht selten konfliktreiche Gespräche – in der Regel über einzelne Ausdrücke, über „redaktionelle Texte", die in einem Nachrichtenblatt nicht geduldet wurden, über das Foto auf der Titelseite und, und, und …

Vorprogrammiert war der Streit um den „Schulanfänger-Gottesdienst", denn in die Angelegenheiten der Schule ließe man sich nicht von der Kirche hineinreden. Darum luden wir später ein zu einem „Gottesdienst zum Beginn der Christenlehre".

Selbst Bibeltexte fielen zuweilen unter die Kritik. Ein Brautpaar hatte sich als Trautext einen Satz aus den Sprüchen des Alten Testamentes (Kapitel 3, Vers 5) gewünscht: „Verlass dich auf den Herrn von ganzem Herzen, und verlass dich nicht auf deinen Verstand …" Das war zu viel!

Am Ende des Streites half – als meine schärfste „Waffe" – der

Hinweis: „Die Nazis haben die Bibel nicht verboten! Wollen Sie das jetzt tun?"

Ich gestehe ja ein: Manchmal machten solche Kämpfe auch Spaß! Meine Frau hingegen war jedes Mal froh, wenn ich nach solchen Auseinandersetzungen wieder zu Hause war.

Am Ende standen dann unter jedem „Druckerzeugnis" die für viele undefinierbaren Buchstaben und Zahlen, etwa Kg 847/87 III/11/10 87 1.0 L 5000 – die Druckgenehmigungsnummer.

Die Wehrpflicht kommt

Noch heute ist die „Tagesschau-Zeit" in der ARD eine „heilige" Zeit. Kein Anruf wird entgegengenommen, man könnte etwas Wichtiges verpassen. Damals war es nicht die ARD – wir hatten erst sehr spät einen Fernseher, sondern es waren die 23-Uhr-Nachrichten im RIAS oder später im Deutschlandfunk. Von dort füllten wir die Lücken in unserem Halbwissen.

Das 4. Parlament der FDJ in Leipzig im Mai 1952 hatte den ersten Schock verursacht. Nach den Schwüren „Nie wieder ein Gewehr in Arbeiterhand" kamen zunächst 1948 die Kasernierten Volkspolizisten, im Volk wegen ihrer Uniform „Kunstrussen" genannt und – was nur wenigen DDR-Bürgern bekannt war – von ehemaligen Wehrmachtangehörigen aufgebaut.

Im Rahmen des 4. Parlamentes (die Kirchen, ursprünglich Mitbegründer der FDJ, waren inzwischen aus der Jugendorganisation verbannt) kam offen die Werbung um die „Kampfbereitschaft der Jugend". Was wir über die Abendnachrichten erfuhren: Stalin hatte 300.000 Soldaten gefordert. Aber die Deutschen hatten die Nase voll vom Krieg.

Nun zogen also doch die ersten Rekruten in die Kasernen mit

den 80-Mann-Schlafsälen ein, und am 30. April 1956 wurde die erste Einheit der Nationalen Volksarmee vereidigt.

Das alles verfolgten wir mit großen Sorgen, und wir verstärkten die Verbreitung unserer pazifistischen Gedanken in Predigten und im kirchlichen Unterricht.

Nach dem Mauerbau kam als logische Folge im Januar 1962 die allgemeine Wehrpflicht. „Der Frieden muss bewaffnet sein", war die Losung. Wir setzten uns mit jungen Kollegen zusammen und berieten, was zu tun ist. „Die Massen werden ohne Protest in die Kasernen ziehen, aus Angst, Studienplätze oder Berufschancen zu verlieren", vermuteten wir. So geschah es dann auch.

Die Kirchen forderten umgehend einen zivilen Ersatzdienst. Dieses Ansinnen wurde als unbegründet abgelehnt. Sehr bald wurden die ersten Gefängnisstrafen zwischen drei und fünf Jahren gegen Verweigerer verhängt.

Das Prinzip der Abschreckung hatte bisher gut funktioniert, sollte also auch an dieser Stelle greifen.

Ich schrieb am 24. Juli 1962 einen ausführlichen Brief an das zuständige Wehrkreiskommando – sicherheitshalber, bevor ich eine persönliche Benachrichtigung erhalten hatte, weil es für diesen Schritt keine Fristen gab: Verweigerung war im Gesetz über die Wehrpflicht nicht vorgesehen. So konnte ich nur grundsätzliche Argumente gegen einen Dienst mit der Waffe darlegen:

> „Als Christ bin ich zwar unter meine – von Gott eingesetzte – Obrigkeit gestellt …, aber der Gehorsam erhält seine Einschränkung, sobald ich im Gehorsam gegen meine Obrigkeit den göttlichen Willen missachte.
> Jeder Wehrdienst hat kein anderes Ziel als die Ausbildung zum Töten und Zerstören. Ausbildung beinhaltet immer, im Bedarfsfall das Gelernte auch anzuwenden.

Darum ist jeder, der Soldat wird, gezwungen, eine Entscheidung vor dem eigenen Gewissen zu fällen.
Unter dem Eindruck des Zweiten Weltkrieges und der Tatsache des Bestehens von thermonuklearen Waffen ist jeder Waffendienst sinnlos und unverantwortlich.
Der Ökumenische Rat appellierte 1961 an die Völker und Staaten: ‚Wir sollten umkehren auf dem Weg, der zum Krieg führt … Wir sollten Vernunft an die Stelle der Gewalt setzen …'
Alle, die um des Gewissens willen Dienste mit der Waffe ablehnen müssen, sollten die Möglichkeit erhalten, einen aktiven Beitrag zum Frieden und zur Versöhnung zu leisten, um damit den Pflichten als Staatsbürger nachkommen zu können."

Am 21. September 1962 erfolgte im Klubhaus der FDJ von Hohenstein-Ernstthal meine Musterung zum Wehrdienst. Mein Schreiben wurde zwar zur Kenntnis genommen, aber nicht in die Entscheidung einbezogen, da eine persönliche Stellungnahme nicht vorgesehen und eine Freistellung vom Wehrdienst auf Beschluss des Nationalen Verteidigungsrates nicht möglich sei.

Ich wurde eingeteilt zu den „Motschützen" in Weißenfels. Mein letzter Trumpf in dieser Auseinandersetzung: Ich verweigerte die Annahme des Wehrpasses und verließ unter Protest den Raum.

Inzwischen hatte die Kirchenleitung eine Zurückstellung beantragt, da ich mich bis zur Ablegung des 2. theologischen Examens noch in der Ausbildung befand. Diesem Antrag wurde stattgegeben: freigestellt bis zum 31. August 1963.

Dann verlief alles im Sande. Dass für die im Gefängnis sitzenden Verweigerer in den Gottesdiensten namentlich gebetet und der „sozialistische Friedensstaat" die Pazifisten verfolgte, passte nicht mehr in das Schema.

Eine neue Strategie wurde eingeführt: das Prinzip „Vergessen".

„Vorbestraft“

„Ich bitte Sie, die Arbeit an den Studenten der Hochschule mit zu übernehmen. Wahrscheinlich muss die Studentengemeinde neu aufgebaut werden. Meines Wissens ist nur von zwei Studentinnen bekannt, dass sie zur Kirche gehören und Interesse an unserer Arbeit haben“ – so der Superintendent des Kirchenbezirkes Glauchau in Sachsen, nachdem die Einarbeitungsphase eines jungen Pfarrers in drei Dorfgemeinden für abgeschlossen erklärt wurde.

Also machte ich mich auf den Weg.

Ich besuchte die Räume der Hochschule: Keiner der Studenten und Studentinnen sah „christlich“ aus.

Wie muss eigentlich einer aussehen, der kirchliche Interessen verfolgt?

So war nicht an die Studenten heranzukommen.

Einfach einige ansprechen – das konnte, wenn man an den falschen gelangt, als unerlaubte Werbung ausgelegt werden. Kein unnützes Risiko eingehen, ohne dass nicht zugleich ein (wenigstens kleiner) Erfolg in Aussicht ist.

Also den P70 (Vorgänger vom Trabant) vor das Hochschulgebäude stellen mit einem Zettel im Fenster: Interessenten an einer christlichen Studentengemeinde bitte melden unter Telefonnummer …

Erfolg! Eine Studentin rief an. „Meine Freundin will auch …“ Das waren also die beiden genannten Studentinnen.

Ein Treffen wird vereinbart: Ich glaube, es gibt noch viele, die Interesse haben, aber keiner traut sich; alle haben Angst, den Studienplatz zu verlieren, wenn man zur Kirche geht.

Dann wurde ein Plan abgesprochen: zuerst mit dem Superintendenten (schließlich musste er Deckung im Gefahrenfalle bieten, zumindest bei einer Geldstrafe einspringen), dann mit beiden Studentinnen, dem Grundstock der neuen Arbeit.

Ergebnis: Ich schreibe auf meiner „Erika“-Schreibmaschine 20 gleichlautende Einladungsbriefe mit je sieben Durchschlägen; eingebaut in die Einladung auch Hinweise darüber, was Kirche ist, warum sie gebraucht wird, und die nächsten Themen, außerdem Versammlungsort, Wohnadresse und Telefonnummer.

Am nächsten Montag liegen zu Vorlesungsbeginn 140 Einladungsbriefe verteilt in den Vorleseräumen. Die Wege dorthin bleiben ein Geheimnis.

Der Rat des Kreises – etwas hilflos geworden, weil der Betriebsschutz versagt hat – stellt fest: Vergehen wegen unerlaubter Werbung, unerlaubter Vervielfältigung, unerlaubtes Betreten der Hochschulgebäude. Die Staatssicherheit schaltet sich ein.

Folge: Vorladung durch die Volkspolizei „zur Klärung eines Sachverhaltes“ und Verhandlung am 18. April 1967.

Strafe: Eintragung ins Strafregister und Geldbuße in Höhe eines Monatsgehaltes wegen Ordnungswidrigkeiten: unerlaubte Werbung, unerlaubte Vervielfältigung, unerlaubtes Verbreiten unerlaubter Druckerzeugnisse.

Die „Strafe“ wird vom Kirchenbezirk beglichen, ich bin von nun an bis zu meinem Lebensende „vorbestraft“, werde ab sofort im außerkirchlichen Bereich „sogenannter Studentenpfarrer“ genannt und bekomme ein ausdrückliches Verbot, die Hochschuleinrichtungen zu betreten.

Ergebnis: Am darauf folgenden Donnerstag sitzen 19 Studenten mit „ihrem“ Pfarrer im Kirchgemeinderaum.

Die Kohlen kommen

Bestellt waren sie im Sommer bei Abgabe der Kohlenkarten an den VEB Kohlehandel für das Jahr 1967. Wann die Lieferung von Briketts und Presssteinen eintrifft, so wird uns mündlich mitgeteilt, ist ungewiss, aber sicher sei die Lieferung vor Wintereinbruch zu erwarten.

Es ist Anfang Dezember. Auf dem Hof liegen ca. 60 Zentimeter Schnee. Das heißt, täglich mindestens sechs Eimer Kohlen aus dem gegenüberliegenden Schuppen über den Hof in die erste Etage des Pfarrhauses tragen, zugleich entsprechende Mengen Asche in umgekehrter Richtung. Der Kohlenvorrat hat bedenklich abgenommen. Ein Anruf beim VEB Kohlehandel brachte keine konkrete Terminfestlegung für die Lieferung. „Wir haben Sie nicht vergessen", das war ein gewisser Trost, aber er machte das Haus nicht warm.

Donnerstag, 14. Dezember, es ist 6.20 Uhr, also noch vor dem Frühstück, fährt ein Lastwagen in den Hof. Ehe wir die Jacke anziehen und heruntereilen können, ist die Seitenwand des Laderaumes geöffnet, der Laderaum angekippt und die Briketts landen im tiefen Schnee, aber immerhin auf dem Pfarrhof. 20 Zentner Wärme für die kommenden Monate – tröstlich zu wissen.

Vorher gilt es, den Plan für den Vormittag zu ändern: 20 Zentner Briketts sind aus dem Schnee zu holen und eimerweise in den Schuppen zu tragen, damit sie dann von dort eimerweise … (siehe oben).

Mittwoch – 3. April 1963

Lautstark und hörbar für alle verbreitete sich bei den Wartenden im engen Dorfkonsum von Lobsdorf die Nachricht von der Ankunft eines Westpaketes bei der Familie im Pfarrhaus –nicht ganz ohne Neid hieß es „schon wieder" und „ein großes".

Zeitgleich entnahm ich einem festen Karton aus München die vor Wochen schriftlich angekündigte Urne, bestimmt zur Beisetzung auf dem Friedhof von Lobsdorf.

Die Waschmaschine oder „Hochwertige Erzeugnisse aus der sozialistischen Produktion nicht für Klassenfeinde“

Anfang Februar wurde der Stammhalter geboren – große Freude, aber auch vermehrtes Wäschewaschen.

Eine Waschmaschine muss her. Die junge Oma wollte bei den Finanzen helfen, denn mit monatlich 358 Mark konnte man keine großen Sprünge machen.

Der Gang zur Bürgermeisterin, um das Bestellformular auszufüllen, war schon fast ein feierliches Ereignis: Die Waschmaschine ist bestellt. Lieferzeit ca. zwei Jahre. Marke, Typ, Fassungsvermögen – das alles spielte keine Rolle. Wer konnte 1963 wissen, welche Erzeugnisse die Planwirtschaft für 1965 vorsieht und welche dann tatsächlich auf dem DDR-Markt erscheinen. Man fasse sich in Geduld.

Nach einem reichlichen Jahr – inzwischen war unser zweiter Sohn geboren – wird meine Frau im Dorfkonsum angesprochen: „Warum wollten Sie eigentlich Ihre Waschmaschine nicht haben?“

Völlig verunsichert fragt meine Frau zurück: „Wieso unsere Waschmaschine? Wir sind noch lange nicht dran, und wir haben auch noch keine Mitteilung bekommen.“ Darauf die Fragestellerin: „Ihre Maschine wurde feilgeboten. Nun hat Familie W. sie genommen.“

Die Bestellliste für Lobsdorf war offensichtlich in dem Jahr nicht so lang, oder „der Westen“ hatte wieder einmal eine Lieferung nicht abgenommen, aber nun war die Maschine vergeben und die Bestellung annulliert.

Ich gehe zur Bürgermeisterin, frage nach dem Hergang und erfahre: „Sie sind Nichtwähler, und hochwertige Erzeugnisse aus der sozialistischen Produktion sind nicht für Klassenfeinde.“ Es kommt zur Auseinandersetzung. Ich verwahre mich dagegen, ein „Feind“ der Arbeiter und Bauern genannt zu werden.

Mit Widerstand durch Argumente hatte sie nicht gerechnet. Nach 90 Minuten gab sie auf: „Die nächste Maschine kriegen Sie, ausnahmsweise!“ Und so war es dann auch.

Dass die nun gelieferte tschechische Maschine für uns wesentlich günstiger und zudem billiger war, haben wir der Bürgermeisterin nicht erzählt. Vielleicht hätten wir das doch tun sollen.

„Don Camillo und Peppone“

Die DDR muss sparen. Also mehr arbeiten, das heißt: Feiertage abschaffen, kirchliche zuerst: Ostermontag, Himmelfahrt, Reformationstag, Buß- und Bettag.

Pfingstmontag ist zwar für die Christen nicht so bedeutsam, aber der christliche Feiertag wird von der SED gebraucht: für das jährliche FDJ-Treffen. Ein staatlicher Feiertag kommt ebenfalls auf die Streichliste, der ohnehin nicht besonders beliebt war: der 8. Mai, Tag der Befreiung.

Ende März 1969 musste bei dem Rat des Kreises Abteilung Inneres die Druckgenehmigung für die Kirchgemeinde-Nachrichten für Mai beantragt werden. Am besten bewährt sich, das achtfache Manuskript nicht per Post einzureichen, sondern persönlich vorzusprechen.

Gleich bei Seite 2 kommt es zum Disput: „Himmelfahrt wird gestrichen, den Feiertag gibt es nicht mehr“, sagt die Mitarbeiterin. „Außerdem Gottesdienst am Vormittag gleich gar nicht, da müssen die Werktätigen arbeiten, die sozialistische Produktion darf nicht gestört werden.“ Ich protestiere: „In dieser Woche ist Spätschicht, und das betrifft fast alle im Dorf, die nicht in der Landwirtschaft arbeiten.“

„Himmelfahrt gibt es nicht mehr und wird nicht genehmigt. Entweder Sie streichen den Hinweis, oder wir können keine Druckgenehmigung geben“, entgegnet die Mitarbeiterin.

Es kommt zum Streit. Ich bestehe auf „Himmelfahrt“, sie besteht auf der Streichung. Also wird der Antrag auf Druckgenehmigung abgelehnt, und im Mai 1969 erscheint kein Kirchenblatt für Lobsdorf, Niederlungwitz und Kuhschnappel.

Wenn man einmal nachgibt, denke ich, wird der Streit in jedem Jahr neu aufgelegt. Seit Jahren ist bereits der „Schulanfänger-Gottesdienst“ untersagt: „Schule ist Angelegenheit des Staates und hat mit Kirche nichts zu tun …“ Bis 1970 wird darum in allen Kirchgemeinden zu „Gottesdiensten zum Beginn der Christenlehre“ eingeladen. Jetzt aber bleibe ich hart.

Ab 28. April hängen an verschiedenen Gartenzäunen der drei betroffenen Dörfer Hinweiszettel, handgeschrieben mit bewusst unterschiedlichen Texten, damit nicht ein neues Vergehen begangen wird: „Unerlaubte Vervielfältigung“. So wird jeder Hinweiszettel ein Original.

Zu lesen ist, dass die Kirchennachrichten für Mai wegen Himmelfahrt vom Rat des Kreises nicht genehmigt wurden; darum erscheinen die Kirchennachrichten für Mai an den Gartenzäunen im Kirchgemeindegebiet.

Die erste Serie in Lobsdorf hängt ca. 30 Minuten, dann wurde sie von der Bürgermeisterin des Ortes abgerissen. Ich beobachte dies und bringe neue Exemplare an.

Dieses Spiel wiederholt sich in unterschiedlichen Abständen 31 Tage lang. Jugendliche stellen sich zur Verfügung, sozusagen in meiner Verantwortung.

Es hat viel Papier und viel Filzstifte „aus dem Westen“ gekostet. Aber es hat sich gelohnt: Im nächsten Jahr wird „Himmelfahrt“ wieder geduldet, wenn auch nicht als staatlich geschützter Feiertag.

FDJ-Auftrag für die Semesterferien

Der P70 – das Vorgängermodell des „Trabbi“ mit einer Karosserie aus Holz und Plaste – war ein vortrefflicher Beichtstuhl. Ich war unterwegs zwischen Leipzig und Lobsdorf. Hinter Borna – im sächsischen Braunkohlengebiet – winkte am Straßenrand ein junger Mann, er wollte mitfahren. Der Himmel war mit dicken schwarzen Wolken überzogen, die Industrieabgase verboten eigentlich das Atmen, es regnete. Also hat man ohne zu zögern Erbarmen mit denen, die – in der Regel aus Kostengründen – „per Anhalter“ reisen.

Er machte einen freundlichen Eindruck, war zunächst nicht sehr gesprächig, aber unter Anwendung meiner im Studium gelernten Fragetechnik wurde er langsam offener und gesprächig.

Die FDJ-Gruppe der Karl-Marx-Universität Leipzig, an der er Geschichte und Gesellschaftswissenschaft studierte, hatte für die Frühjahrsferien FDJ-Aufträge verteilt, so war aus seinem Reden zu vernehmen.

Als einer, der selbst nie zur FDJ gehörte und auch nie das Glück hatte, an einer richtigen Universität studieren zu dürfen, interessierte ich mich für diesen Auftrag. Bekannt war nur, dass das Studium und die Erteilung von Stipendien von der Erfüllung dieser Aufträge abhängen konnten.

Es ging um den Neuaufbau der FDJ-Arbeit unter den Jugendlichen in einem Dorf bei Glauchau in Sachsen. Dort, so berichtete der junge Mann, sei ein neuer junger Pfarrer hingekommen, der die Jugendlichen wie der Rattenfänger von Hameln anlockte (ich glaube kaum, dass er wusste, wo Hameln eigentlich liegt) und der damit die FDJ-Arbeit im Ort zum Erliegen brachte.

Zunächst wollte der junge Mann aber nur bis Glauchau mitfahren, um sich dort im Studentenwohnheim ein Zimmer für diese Zeit zu beschaffen.

Welches Dorf bei Glauchau er denn bearbeiten sollte, wollte ich wissen. Seine Antwort, es handele sich um Niederlungwitz, verschlug mir fast die Sprache. Ich wechselte schnell das Thema.

In Glauchau beim Verabschieden sagte ich zu ihm: „Übrigens, was ich noch sagen wollte, der neue Pfarrer von Niederlungwitz bin ich."

Ich habe nie wieder etwas von ihm gehört oder gesehen.

Ein neues Konzept für die Konfirmation

Der Kirchenkampf in der DDR hatte sich seit 1953 gewandelt. Keine offenen Schmähschriften mehr, Verhaftungen nur noch in Einzelfällen, dafür Konkurrenz mit unlauterem Wettbewerb. In den Schulen fand statt einer Morgenandacht der Fahnenappell mit gemeinsamem Lied und Ansprache des Schuldirektors statt. In den Kindergärten wurden – in Anlehnung an biblische Geschichten und Bilder – neue sozialistische Geschichten erzählt.

In der Kinderzeitung „Bummi" erschien die Geschichte von Ursula Werner-Böhnke, „Wenn die Tränen ins Meer marschieren". Darin heißt es zum Schluss:

> „Lenin hat gesagt, diese Zeit, in der Tränen nicht mehr gebraucht werden, hat einen Namen. Sie heißt nicht Weihnachtszeit und nicht Frühlingszeit. Merkt euch das schwere Wort. Sie heißt: Kommunismus! Wann beginnt sie? Viele Tränen, die früher noch geweint werden mussten, sind heute schon nicht mehr nötig und schwimmen in der Ostsee. Also hat sie schon bei uns begonnen. Wenn ihr erwachsen seid, ist diese schöne Zeit für die ganze Welt nahe! Vergesst nicht, das hat Lenin gesagt! Und der wusste es genau!"

Taufe, Konfirmation, Trauung und Beerdigung in der Kirche erhielten staatliche Pendants: die sozialistische Namensgebung, die Jugendweihe, die sozialistische Eheschließung und die weltliche Bestattung.

Am 14. März 1954 beschloss das Politbüro der SED diese neue Kirchenpolitik. Darin heißt es: „Gegenwärtig werden von vielen Eltern, die keine innere Bindung zur Kirche haben, Kinder in die Kurse zur Vorbereitung der Konfirmation und der Kommunion geschickt. Da keine andere Einrichtung zur feierlichen Einführung der Kinder in den neuen Abschnitt ihres Lebens nach dem Verlassen der Grundschule vorhanden ist. Um diesen Zustand zu beenden, wird im Interesse der Verstärkung der staatsbürgerlichen Erziehung schon in diesem Jahr mit der Vorbereitung und Durchführung von Jugendweihen ab 1955 begonnen."

Die Jugendweihe machte uns den meisten Ärger innerhalb der antikirchlichen Aktionen. Sie verpflichtete die 14-Jährigen zum Atheismus und zur Freundschaft nur mit der Sowjetunion und den sozialistischen Ländern.

1968 wurde das Gelöbnis schwach verändert, die militärische Verteidigung des Sozialismus wurde hineingenommen, insgesamt blieb die Grundtendenz.

> „Seid ihr bereit, als wahre Patrioten die feste Freundschaft mit der Sowjetunion weiter zu vertiefen, den Bruderbund mit den sozialistischen Ländern zu stärken, im Geiste des proletarischen Internationalismus zu kämpfen, den Frieden zu schützen und den Sozialismus gegen jeden imperialistischen Angriff zu verteidigen, so antwortet: Ja, das geloben wir!"

In Jugendstunden wurde diese Ideologie „eingetrichtert", durch Ausflüge wurden die Jugendlichen bei guter Laune gehalten. Die

Eltern bekamen über ihre Betriebe finanzielle Zuwendungen und Sonderzuteilungen an Lebensmitteln für die Ausgestaltung des „Feiertages".

Falls ein Schulkind in der Schule nicht angemeldet war, wurden die Eltern in ihrem Betrieb vorgeladen. Bei grundsätzlicher Verweigerung wurden die Schüler bei der Weiterbildung benachteiligt. Schon die Angst davor nötigte 98 Prozent der Eltern, ihre Kinder anzumelden.

Alle Landeskirchen in der DDR waren sich zunächst einig: Die Jugendweihe mit ihrem atheistischen Bekenntnis schließt eine Konfirmation aus.

Aus diesem Grund verheimlichten anfangs viele Konfirmanden gegenüber ihrem Pfarrer die Teilnahme an der Jugendweihe und gegenüber dem Lehrer die Konfirmation. Aber das war nicht durchzuhalten.

Später wurden seitens der Landeskirchen unterschiedliche Kompromisse gemacht. Die Varianten waren vielfältig. Von zeitgleichen Veranstaltungen bis zur Forderung nach Bewährung im Glauben über ein Jahr lang reichte die Skala; einige Gemeinden praktizierten den grundsätzlichen Ausschluss „Jugendgeweihter" von der Konfirmation und von den Sakramenten.

Die Folge war, dass in der Sächsischen Landeskirche nur noch zwei Prozent der Jugendlichen – aus kirchlich besonders engagierten Familien – im 8. Schuljahr, die meisten Jugendlichen erst ein Jahr später konfirmiert wurden. Das zerstörte die Gruppen, teilte in „echte" und „unechte" Konfirmanden ein und wurde von Jahr zu Jahr problematischer. Der „unechte" Konfirmand zeigte nicht selten mehr Glaubensmut als mancher „echte" aus einem frommen Elternhaus, da die Entscheidung über Teilnahme oder Nichtteilnahme an der Jugendweihe in der Regel nicht von den Jugendlichen, sondern von den Eltern gefällt wurde.

Anfang der 60er-Jahre setzte sich eine kleine Gruppe von Pfarrern über diesem Themenkreis zusammen: Wir wollten einige der Probleme besser lösen, die Inhalte der Konfirmandenstunden zur aktuellen Glaubens- und Lebenshilfe umgestalten und die Einbindung der Konfirmanden in die Gemeinde verstärken. Dafür mussten nicht nur konzeptionelle und methodische, sondern auch theologische Fragen neu bedacht werden.

Am Ende der Diskussionen und Versuchsstrecken stand ein Konzept, das wir später „konfirmierendes Handeln" nannten und das die jungen Christen vom Kleinkindalter (also von der Taufe über die Christenlehre und Konfirmation) ein Leben lang begleitet.

Der Konfirmandenunterricht wurde für alle vom 7. Schuljahr bis zum 9. Schuljahr erweitert, die Probleme der Jugendweihe wurden mit der gesamten Gruppe ausgewertet, die Erstkommunion in das 7. Schuljahr verlegt, anschließend in regelmäßigen Abständen gemeinsam das Abendmahl mit unterschiedlichen thematischen Schwerpunkten gefeiert. Die gemeinsam vorbereitete Konfirmation in der Osterzeit war kein Abschluss, sondern eine der festlichen Stationen auf dem gemeinsamen Weg.

Nicht wenige Kirchgemeinden übernahmen dieses – freilich etwas arbeitsaufwendige – Modell und trafen sich regelmäßig zum Austausch und zur Weiterarbeit. Ich bin bis heute von der Richtigkeit dieses Weges überzeugt.

1990 sprach mich eine Mutter an: „Nun werden Sie wohl wieder die richtige Konfirmation einführen?" Sie meinte damit die Konfirmation im 8. Schuljahr und am Sonntag Palmarum, vor der Karwoche. Ich hatte den Eindruck, sie wusste nicht, wie sie unsere Ordnung den Verwandten in Westdeutschland erklären sollte, um den Verdacht zu entkräften, die Tochter sei durch die Konfirmandenprüfung gefallen und ein Jahr zurückgestellt worden.

Ich fragte meine Konfirmandengruppen nach ihren Wünschen, und die Frage wurde eindeutig und einmütig beantwortet: Wir bleiben bei unserer Konfirmation im 9. Schuljahr.

Später hat sich das bewährte Modell nicht durchsetzen können. Die Gemeinden kehrten zum 8. Schuljahr zurück. Wo waren die treibenden Kräfte? Bei den Eltern und Großeltern oder auch bei den Pfarrern, die auf diese Weise ein Jahr Konfirmandenstunde einsparten? Schade!

Es war eine gute Chance, Jugendliche untereinander und an die Gemeinde zu binden, und die Arbeit war nicht vergeblich. Bis in die Gegenwart melden sich ehemalige Konfirmanden bei der Taufe oder Trauung ihrer Kinder.

Panzermodelle im Schulunterricht

Im 2. Schuljahr stand „Werken" auf dem Stundenplan. Zu Beginn der Schulstunde hatte die Klassenlehrerin – wie an jedem Montag – die „freiwillige" Soli-Spende eingesammelt (angeblich zur Unterstützung „der durch den von den USA entfesselten Krieg notleidenden Bevölkerung in Vietnam", in Wahrheit zur Finanzierung der Waffenlieferungen für Vietnam aus der DDR).

Jochen, unser Ältester, kommentiert seine Verweigerung mit „Ich spende für Brot für die Welt".

Dann wurden Bastelbögen aus der ABC-Zeitung ausgeteilt.

Jochen – bereits in Kampfstimmung – sieht auf den Bögen einen Panzer, der als Modell entstehen soll. Er nimmt seinen Bastelbogen, stellt sich vor die Klasse und zerreißt das Blatt: Ich mache keinen Kriegspanzer.

Vorbild für diese Reaktion waren unbewusst die Lehrer selbst. In unregelmäßigen Abständen kontrollierten sie die Schulranzen nach „Westliteratur“ (Fußballbilder aus der Sprengelschokolade, Bravo-Hefte ...). Was sie entdeckten, wurde ohne Diskussion vor aller Augen zerrissen und beseitigt. Es galt als Schutz vor kapitalistischer Schund- und Schmutzliteratur.

Junge Pioniere im Dienst auf dem Friedhof

Es war ein schrecklicher, tragischer Unfall, der Tod einer ganzen Familie in Niederlungwitz. Vater, Mutter und die beiden Kinder starben durch einen Bruch der Gasleitung – in der Nacht während des Schlafes.

Am nächsten Tag war Christenlehre für die Gruppen der beiden Mädchen im 4. und 5. Schuljahr. Sie gehörten beide zu denen, die regelmäßig und besonders gerne kamen. Nun hatte der Gemeindediakon die schwere Aufgabe, mit den Kindern über das Unglück zu sprechen. Die Gruppen beschlossen: Wir gehen mit zur Beerdigung.

Ich übernehme es, mit den beiden Klassenlehrerinnen über die Befreiung der Christenlehre-Kinder für die Zeit der Beerdigung zu sprechen. Wir sind uns schnell einig, und wir übernehmen als Kirchgemeinde die Aufsicht über die Kinder während dieser Zeit.

Am Tag der Beerdigung ist eine besonders große Gemeinde auf dem Friedhof versammelt. Zusammen mit den Angehörigen gehe ich von der Friedhofskapelle zu den Grabstellen, um die

Beisetzungen vorzunehmen, anschließend findet in dieser Gemeinde die Trauerfeier stets in der Kirche statt.

Mein Gemeindediakon, zugleich Kirchner und Friedhofsmeister in einer Person, hatte mir ein Zeichen gegeben, das meine Blicke über die versammelte Gemeinde wandern ließ. Ich sah eine Gruppe von rund 15 Kindern, alle in Pionierkleidung und Halstuch, zwei mit unübersehbaren Pionierwimpeln.

Ich walte meines Amtes an den vier Gräbern, die Angehörigen und Gemeindeglieder verabschieden sich an den Gräbern mit Erdwürfen und Blumen; die Kinder stehen eigenartig abseits.

Während die Trauergemeinde die wenigen Schritte zur Kirche geht, spreche ich unseren Diakon an und er sagt nur: „Keine Angst, ich sorge dafür, dass alles läuft."

Dann sitzen wir in der Kirche; die Gemeinde ist versammelt; der arme Kantor improvisiert eine Melodie nach der anderen; keins der Kinder sitzt in den Bankreihen.

Plötzlich – in solcher Situation können Minuten zu Stunden werden – wird die Kirchentür geöffnet und erst zwei, dann drei, dann kommen alle Kinder und setzen sich in die vordersten Bänke, die als einzige noch frei sind. Nun konnte ich doch noch die vorbereitete Familienandacht über Tod und Auferstehung halten.

Die Lehrerinnen hatten von der Schuldirektorin den Auftrag erhalten, dafür zu sorgen, dass die Kinder unmittelbar nach der Beisetzung auf dem Friedhof zurück zur Schule und nicht mit in die Kirche gehen.

Das aber hatte unser Diakon verhindert, obwohl auf Anweisung des Kreisschulrates nicht die von uns vorgeschlagenen Schüler freigestellt, sondern „die besten Jungen Pioniere der Schule" zum Dienst abgeordnet waren. Aber auch zu diesen gehörten Christenlehrekinder, und für die war die Kirche kein feindliches Terrain. So hatte der Diakon ein leichtes Spiel, und die Gruppe stürmte schließlich – gegen alle Versuche der Lehrerinnen – geschlossen in die Kirche.

Dass die Lehrerinnen anschließend einen Verweis wegen Verletzung ihrer Aufsichtspflicht hinnehmen mussten, tat uns wirklich leid. Aber das hatten wir erst viel später erfahren.

3. Kapitel: Leipzig 1972–1981

Stellenwechsel im Herbst 1971 – „die Mühen der Ebene“

Für den 12. September 1971 war die Einführung in die neue Pfarrstelle an der Michaeliskirche in Leipzig vorgesehen. Die Wahl war bereits am 8. März erfolgt, aber die Pfarrerwohnung war nicht frei.

Pfarrer und auch solche im Ruhestand konnten nicht mit einer Wohnungszuweisung durch die Stadt – Voraussetzung für jeden Mietvertrag – rechnen, sie gehörten schließlich zur „nichtarbeitenden Bevölkerung“. Was blieb einem Ruheständler, der nicht die Pfarrerdienstwohnung blockieren wollte, übrig, als den Ausreiseantrag nach Westdeutschland zu stellen. Aber das dauert, bis eine Erlaubnis erteilt wird.

Also muss der Nachfolger warten, bis Platz für ihn und für seine Familie geschaffen wird.

Im Spätsommer kam „der Silberstreifen am Horizont“, darum Festlegung des Dienstantrittes für Anfang September. Für eine begrenzte, überschaubare Zeit war ein Provisorium, also eine Aufteilung der Familie hinnehmbar: die Schulkinder zu Bekannten in Leipzig, die Mutter mit der Jüngsten im alten Dorfpfarrhaus, der Vater zwischen den Handwerkern in der zu erneuernden Wohnung.

Letzteres war zudem nötig, denn der „Malerdreck“ musste täglich beseitigt und die Handwerker mit Nahrung und nicht selten mit Materialien versorgt werden. Schließlich werkelten die Handwerker „schwarz“, ohne staatliche Baugenehmigung und ohne Materialzuweisung. Für Mitte November war der Möbelwagen bestellt; sicherheitshalber mit Zeitpuffer, falls etwas dazwischenkommt.

Zwei Tage vor dem „Ernstfall“ – der Packer hatte Porzellan und Glas in Obst- und Gemüsekartons verstaut – am Abend ein Anruf aus der Pfarramtskanzlei in Leipzig: Die Stadt verweigert den Zuzug, Schlemmer ist „unerwünschte Person“; ein illegaler Einzug wird mit Zwangsräumung geahndet.

Also alles absagen und das Zigeunerleben in Leipzig fortsetzen.

Anfang Dezember waren die Wogen geglättet; ein Eingreifen der Kirchenleitung hatte die Leipziger Behörden einlenken lassen. Endlich stand der Möbelwagen vor dem Pfarrhaus in Leipzig am Nordplatz.

Das erste Möbelstück wurde heraufgetragen, als gegen 11.30 Uhr das Telefon läutet: Der Rat des Stadtbezirkes fordert Herrn Schlemmer auf, umgehend mit dem Plakat aus dem Schaukasten am Pfarrhaus zu erscheinen.

„Wir sind gerade beim Einzug, die Möbel werden im Augenblick heraufgetragen, mein Mann kommt morgen“, versucht die Pfarrfrau den Anrufer zu beschwichtigen.

Darauf wird die Stimme im Telefonhörer lauter: „Ihr Mann hat hier heute bis 13.00 Uhr mit dem Plakat zu erscheinen.“

Was so Schlimmes auf dem Plakat seit Wochen von tausenden Passanten gelesen wurde – der Ort des Schaukastens war zugleich eine Haltestelle der Straßenbahn –, war die Kombination von zwei ADN-Fotos: Eines zeigte eine Spielszene von zwei Kindern, bei der der eine auf den anderen schießt; das andere eine Erschießung während des Vietnamkrieges, dazu der Satz aus der Bibel: „Was der Mensch sät, das wird er ernten.“

Eigentlich nicht gefährlich, aber vor der geplanten Einführung der Wehrerziehung in den Schulen „ein Angriff auf die Friedenspolitik der Deutschen Demokratischen Republik“.

Später war in den Unterlagen der Gauck-Behörde der Kommentar eines Genossen beim Rat des Stadtbezirkes zu lesen:

„Hätten wir gewusst, wer der Schlemmer ist, hätten wir den Zuzug nicht erteilt."

Der Stolz junger Glaubenszeugen

Aus dem vorderen Erzgebirge hatten wir die Tradition der Kurrende mitgebracht: Kinder der Kirchgemeinde zwischen vier und 15 Jahren treffen sich wöchentlich zur Probe und am Sonntag zum liturgischen Singen im Gottesdienst. Sie singen also die Liturgie und wenn möglich weitere Chorstücke, und in der Adventszeit besuchen sie alte und kranke Gemeindeglieder. Die Kurrendekinder tragen eine Chorkleidung, in der Regel einen schwarzen Umhang mit einem breiten weißen Kragen.

Unser Leipziger Kantor riet dringend, diese Tradition in Leipzig zu vergessen: „Das läuft in der Großstadt Leipzig nicht." Wir konnten ihn zu einem Versuch überreden.

Die Partnergemeinde in Hannover-Vinnhorst baten wir um schwarzen Stoff, und – im Gegensatz zur Dorfgemeinde, in welcher die Mütter ihren Kindern die Mäntel fertigten – die kirchliche „Beschaffungsstelle" in Herrnhut nähte die Kurrendemäntel und die Kragen.

Kinder wurden angeworben. In der Schule hatten sie, wenn ihre Bindung zur Kirche bekannt war, regelmäßig unter Hänseleien durch Mitschüler und Diskriminierung durch Lehrer zu leiden. Nun sollten sie auch eine besondere Form öffentlicher Anerkennung erhalten. Auf Anhieb kamen 18 Kinder zwischen drei und 15 Jahren. Die Begeisterung war groß.

Dann kam der Sonntag mit dem ersten „Auftritt". In der letzten Probe zuvor standen die Mäntel zur Anprobe bereit. Jeder Mantel wurde mit einer Nummer versehen, die je nach Körpergröße zugeteilt wurde.

Zum Gottesdienst traf man sich in einer Kapelle. Sie hatten alle „Sonntagskleidung“ angelegt, darüber kam der Chormantel. Auch der Einzug sollte wohlgeordnet verlaufen: immer zwei und zwei, die Jüngsten zuerst, von der Kapelle in das Seitenschiff der Kirche, dann durch den Mittelgang zum Altar, dort im Halbkreis mit Blick zur Gemeinde.

Hier nun hagelte es Proteste: Wir ziehen nicht durch das Seitenschiff, sondern außen um die Kirche (dahinter stand unausgesprochen: an der gegenüberliegenden Schule vorbei). Alle sollen uns sehen!

Die Kurrende und ihr Stolz haben die DDR überlebt, und die damaligen Kinder haben nebenbei gelernt, auch in der Öffentlichkeit für ihre Überzeugung einzustehen.

Ein Fachproblem für die Lehrerin

Im Schulunterricht der 2. Klasse war „Zeichnen“ angesagt. Die „Fachlehrerin“ stellte als Aufgabe: Heute zeichnet jeder seinen Vati bei der Arbeit. Anschließend hängen wir die Bilder in unserem Klassenzimmer auf.

Die Kinder gingen ans Werk. Es waren noch keine drei Minuten vergangen, da stand die „Fachlehrerin“ neben unserer Ute und sagte: „Und du malst die Mutti bei der Arbeit.“

Natürlich wollte Ute ihren Vater im Talar darstellen, denn das forderte die zeichnerischen Künste nicht so heraus wie die Darstellung eines Menschen im Anzug, und außerdem …

Aber sollte anschließend auch dieses Bild im Klassenzimmer ausgestellt werden? Das käme illegaler Werbung für die Kirche gleich, und Kirche hat in der Schule ohnehin nichts zu suchen. Außerdem fürchtete die Lehrerin irgendwelche beruflichen Konsequenzen.

Es gab wohl einen kurzen Wortwechsel, die Tochter forderte Gleichberechtigung. Schließlich malte sie zwei Bilder, eines mit dem Vater und eines mit der Mutter.

Verfolgt und doch nicht gebrochen

In der „Motor-Revue" – einer tschechoslowakischen Autozeitschrift – hatten wir von einem Leser-Camping in Vrátna Dolina gelesen: Es sollte ein wunderschönes Tal in der Slowakei, inmitten von Felsen und Wäldern in der Malá Fatra, nahe der Hohen Tatra sein, dazu preisgünstig und von ost- und westeuropäischen Teilnehmern besucht. Also meldeten wir uns an in der Hoffnung auf einen schönen und interessanten Urlaub.

Die Schilderung der Landschaft war nicht übertrieben. Es hat uns später immer wieder einmal dorthin gezogen. Die Angebote der Veranstalter waren für DDR-Besucher außergewöhnlich, die Teilnehmer kamen in der Hauptsache aus der DDR und der ČSSR; einige wenige Österreicher und Niederländer waren die einzigen mir in Erinnerung gebliebenen Westeuropäer.

Angeregt durch verschiedene Vorschläge, die besonders reizvolle nähere Umgebung kennen zu lernen, unternahmen wir eine Autofahrt durch das Kvačanytal: in der Tat ein besonders schönes Stück Natur mit schroffen Felsen, auf denen Edelweiß blühten. Es hieß, hinter dem Tal stehe in einem unbedeutenden Dorf eine barocke Dorfkirche – ein Hinweis, falls es dafür Interessenten geben sollte.

Wir hatten daran Interesse und kamen in das „unbedeutende" Dorf Kvačany – es sollte für uns Bedeutung erlangen. Die Kirche fanden wir schnell, sie war verschlossen. Hanka, damals eine junge Frau, zeigte uns freundlich den Weg zum Pfarrhaus. Ein älterer Herr im Trainingsanzug öffnete uns. Wir stellten uns vor und hatten starkes Interesse gezeigt, etwas über seine Arbeit, über die Situation der Kirche in der ČSSR und über seine Probleme und Sorgen zu erfahren. Wahrscheinlich waren wir etwas zu stürmisch vorgegangen – die Atmosphäre jedenfalls war kühl, bis der alte Herr plötzlich aufstand: „Ich glaube, wir sind Freunde, wir müssen erst einmal anstoßen." Sein Gesicht hellte sich auf, sein Deutsch wurde immer fließender, der Abend kam und wurde sehr lang.

Hinter dem Dorfpfarrer entpuppte sich (innerhalb vieler Gespräche in den kommenden Jahren) ein katholischer Professor für Moraltheologie, einst ein leitender Theologe in Špišská Kapitula und Verfasser zahlreicher Bücher. Dort hatten über Jahrzehnte in einer kirchlichen Hochschule junge Männer katholische Theologie studiert, bis nach dem Zweiten Weltkrieg die Kommunisten die gesamte Einrichtung auflösten, die Gebäude enteigneten (zu unserer Zeit war hier eine Polizeischule untergebracht) und die Theologen ins Gefängnis sperrten. Acht Jahre Zuchthaus lautete das Urteil gegen ihn, verbunden mit Zwangsarbeit im Bergwerk bzw. in der Glasindustrie. Nur sehr zögerlich sprach er über diese Jahre während der Stalin-Ära. Später musste er ein zweites Mal hinter Gitter. Danach hatten die kommunistischen Behörden den „Volksfeind" zwangsversetzt in dieses Dorf, unschädlich gemacht durch Isolierung, des Personalausweises beraubt und damit an den Ort gebunden.

Aber er hatte Freunde, viele Freunde, die ihn nicht nur besuchten, sondern auch im eigenen Auto abholten und fuhren. Das war für alle Beteiligten nicht ungefährlich. In der ČSSR war die Kirche verstaatlicht, die Behörden setzten die Pfarrer in den Gemeinden ein und ab (sofern sie sich nicht vom Studium aus für Jahre in der Fabrik „bewähren" mussten, weil sie als oppositionell galten), kontrollierten ihre Arbeit und bezahlten sie wie Hilfsarbeiter.

Für die Unterhaltung der Kirchen mussten die Gemeinden aufkommen, für kirchliches Schrifttum und theologische Literatur wurde keine Druckgenehmigung erteilt und für gegenseitige Vertretungsdienste der Pfarrer musste bei dem zuständigen Bürgermeister die Genehmigung eingeholt werden. Das alles hatte ihn innerlich nicht zerbrechen können, wenn auch der Körper viele Spuren seiner Lebens- und Leidensgeschichte zeigte.

Wir hatten einen neuen väterlichen Freund gefunden. Theologische Literatur ging auf dem Postweg von Leipzig nach Kvačany – natürlich ist nur weniges beim Adressaten gelandet. Mehrere Male haben wir ihn – auch mit unseren Kindern – besucht und Gespräche über Theologie, Geschichte und Politik geführt.

Sein 50. Priesterjubiläum war ein Dorffest trotz aller staatlichen Repressalien. 1990 wurde er – kurz vor seinem Tod – öffentlich rehabilitiert. Er war wieder Professor Dr. Dr. Ladislaus Hanus.

„Kletterei auf dem Kupferdach"

Es war ein windiger Novembermontag, als mein Blick aus dem Fenster wie an jedem Morgen auf meine gegenüberstehende Michaeliskirche fiel. Oben am Turmdach entdeckte ich ein großes Kupferblech, ca. ein Quadratmeter groß, das wie eine Fahne im Sturm wehte.

Nach 68 Jahren hatten sich an der Kirche verschiedene Schäden gezeigt, doch diesmal war mit dem Schaden eine konkrete Gefährdung von Kindern verbunden. Am Platz, in dessen Mitte die Kirche stand, war auch eine große Schule, in die täglich rund 650 Kinder gingen. Der Raum vor der Kirche wurde in den Schulpausen als „Schulhof" genutzt. Neben der deutschen

Schule war noch eine kleinere für Kinder sowjetischer Offiziersfamilien. Nun wehte über diesen in 70 Meter Höhe die Fahne aus Kupferblech – nicht auszudenken, dass diese sich vollends löste und die Kinder verletzte.

Wir sperrten sofort den gefährdeten Raum, ich informierte telefonisch die Schulleitungen und anschließend die Leipziger Feuerwehr mit der Bitte, mittels einer Feuerwehrleiter den Turm von dem Kupferblech zu befreien. Dort bekam ich zur Antwort: „Für die Kirche sind wir nicht zuständig!"

Mein Anruf bei dem kirchlichen Baupfleger brachte mich auch nicht weiter, denn auch er wusste nur, dass eigentlich für solche Notfälle die Feuerwehr zu bitten sei. Die „Fahne" wehte weiter im Winde, der Platz war weiterhin abgesperrt und mit Hinweisschildern versehen.

Am Abend noch schrieb ich eine „Bevölkerungseingabe" an das Stadtbauamt, beschwerte mich über die Leipziger Feuerwehr und bat um Rat und Hilfe. Auf eine offizielle Erteilung von Baukapazitäten wollte ich nicht warten. Zugleich schrieb ich einen Artikel für die in Leipzig gelesenen Zeitungen mit der Frage am Schluss: Sollen wir eine kirchliche Feuerwehr einrichten für den Fall, dass es einmal brennt? Die Leipziger Volkszeitung (Organ der SED) lehnte den Artikel ohne Begründung ab, ebenfalls das „Sächsische Tageblatt (Zeitung der LDP). „Die Union" (Zeitung der Ost-CDU) versprach Hilfe und eine Veröffentlichung, sobald das Problem gelöst sei.

Am Nachmittag des zweiten Tages mit der wehenden „Fahne" am Kirchturm rief mich der kirchliche Baupfleger an: Am Wochenende kommen drei Bergsteiger aus dem Erzgebirge, die haben uns schon mehrfach geholfen bei ähnlichen Problemen. Tatsächlich kamen sie, zwei Männer und eine Frau. Mutig und mit Sachkenntnissen haben sie das Problem beseitigt, natürlich für „Bares" in die Hand.

Am vorhergehenden Freitag war unerwartet auch die Feuerwehr gekommen: zum Einsatz an der Kirche befohlen durch den Stadtbaudirektor. Sie kamen umsonst, und die „Fahne" wehte weiter, denn ihre Leiter war zu kurz.

Am nächsten Montag sprach ich erneut bei der CDU-Zeitung vor mit einem ergänzenden Schlussteil für meinen Artikel. Am 16. Dezember 1972 erschien in der „Union" ein Artikel unter der Überschrift „Kletterei auf dem Kupferdach". Darin war zu lesen:

> „… Ein ungewöhnlicher Bergungseinsatz geht am Turm der Michaeliskirche über die Bühne … Rund vier Quadratmeter Dachfläche haben sich gelockert … Und genau darunter liegt ein Schulhof … Die Feuerwehr beseitigt zwar zügig die Sturmschäden, aber ihre Leiter erreicht nicht die Höhe des schadhaften Turmdaches. Pfarrer Schlemmer wendet sich mit der Bitte um Unterstützung an unsere Redaktion, der Rat der Stadt erhält eine Eingabe, und unverzüglich schaltet sich die Staatliche Bauaufsicht ein. Ergebnis der Überprüfung: Die Gefahrenquelle muß sofort beseitigt werden. Eine Aufgabe nur für Spezialisten, denen Arbeiten selbst in dieser Höhe nichts ausmachen. Der Bergrettungsdienst des Roten Kreuzes übernimmt diesen nicht ganz ungefährlichen Einsatz … In Gebirgsgegenden klettern sie sonst fast jedes Wochenende – die 35 Helfer des Leipziger Bergrettungsdienstes …" (Nun folgt ein längerer Abschnitt über die Arbeit des Bergrettungsdienstes im Gebirge.)

Ich verlangte bei der Redaktion der Zeitung eine Korrektur – die wird abgelehnt: „Der Fall ist doch nun abgeschlossen." Der Nachgeschmack bleibt.

„Klärung eines Sachverhaltes“

Der Briefträger brachte eine vorgedruckte Postkarte: „Werter Herr Wilhelm Schlemmer, Sie haben zur Klärung eines Sachverhaltes am ... im Volkspolizeikreisamt Abt. Ordnungswidrigkeiten ... vorzusprechen. Mit sozialistischem Gruß ...“

Am 26. November 1970 war eine neue „Verordnung über die Durchführung von Veranstaltungen“ in Kraft getreten, nach welcher alle Veranstaltungen polizeilich anzumelden bzw. zu genehmigen sind. Ausgenommen von dieser Regelung waren regelmäßig wiederkehrende „religiöse Handlungen“ wie Gottesdienste und kirchlicher Unterricht, wenn sie von hauptamtlichen kirchlichen Mitarbeitern und in kirchlichen Räumen durchgeführt werden. Die Anträge zur Genehmigung waren spätestens vier Wochen vor dem Veranstaltungstermin einzureichen. Vergessen hatte man unter den Ausnahmen die Trauerfeiern und Beerdigungen auf staatlichen Friedhöfen – schwer vier Wochen vorher anzumelden. Außerdem wollten wir keine „Pastorenkirche“ sein, sondern eine, in der viele ehrenamtliche Gemeindeglieder verantwortlich mitwirkten. Selbst Sitzungen der Kirchenvorstände und der Synoden unterlagen nach der Veranstaltungsverordnung eigentlich der Anmeldepflicht bei der Polizei.

Im September 1972 schlugen die staatlichen Behörden mir gegenüber erstmalig zu. Eingeladen hatten wir zur Vorführung des Dokumentarfilms „Hospital Amazonieo Albert Schweitzer“ im Kirchgemeinde-Saal. Diese Filme waren in den Kirchgemeinden sehr beliebt.

Der „Sachverhalt“ aber war, dass ich mich bewusst geweigert hatte, weder diese noch andere Veranstaltungen polizeilich anzumelden. Der gut besuchte Abend verlief ohne Zwischenfälle.

Zwei Tage später kam die Aufforderung, „zur Klärung eines

Sachverhaltes" vorzusprechen. Geklärt wurde in dem Gespräch beim VPKA nichts, denn ich blieb bei meiner Ablehnung, und ich kündigte an, auch in Zukunft keine neue Anordnung in dieser Richtung zu befolgen.

Vom 17. Oktober 1972 stammt die Ordnungsstrafverfügung aus dem Volkspolizeikreisamt Leipzig: „Sie haben schuldhaft eine Rechtsverletzung begangen, indem Sie als Verantwortlicher den Ihnen nach § 2 (2) der VO über die Durchführung von Veranstaltungen vom 26.11.70 auferlegten Pflichten nicht nachgekommen sind."

Strafe: 75,– Mark (das waren 15 Prozent des Monatseinkommens), „zu den Ordnungsstrafmaßnahmen treten noch 0,75 Mark Auslagen".

Ich legte Beschwerde ein: Diese Veranstaltung war eine „religiöse Handlung".

„Der Chef der Bezirksbehörde Deutsche Volkspolizei Leipzig", Oberst Michalski, antwortet persönlich: Die Ordnungsstrafe wird aufrechterhalten. „Es dürfte notwendig sein, daß Sie gründliche Überlegungen dahingehend anstellen, daß das Anliegen der Verordnung über die Durchführung von Veranstaltungen nicht darin besteht, die Veranstaltungstätigkeit in der DDR in irgendeiner Form einzuschränken, sondern daß es Ihre Pflicht als Veranstalter ist, die Ihnen obliegenden Rechtspflichten gewissenhaft zu erfüllen."

Also nicht nachdenken, sondern gehorchen!

Ich beschließe, nicht zu reagieren.

Am 8. Februar 1973, sieben Wochen nach Ablauf der Frist, kommt die erste Mahnung mit einer Mahngebühr von 1,50 Mark zusätzlich Portogebühr von 0,10 Mark. Mitte April erhält die Kirchenleitung eine Pfändungsverfügung: Inzwischen 81,85 Mark werden vom Gehalt „wegen Geldforderungen der

Staatsorgane gepfändet". „Sie werden gebeten, … binnen zwei Wochen zu erklären, ob und inwieweit Sie die Forderung anerkennen und bereit sind zu zahlen …"

Die Reaktion der Kirchenleitung, nur in einem kurzen Schreiben an mich ausgedrückt: „… daß wir daraufhin nichts zu veranlassen gedenken".

Mitte September 1973 erhalte ich den Durchschlag eines Schreibens an die Stadt- und Kreissparkasse Leipzig: „Kontenpfändungsverfügung". Der Schuss ging ins Leere, da wir weder ein Konto noch ein Sparbuch bei der Sparkasse hatten.

Inzwischen war bekannt geworden: Vier Pfarrer und ein Diakon hatten in der Landeskirche das gleiche Verfahren wegen des gleichen „Strafbestandes".

Das sollte aber nur ein Auftakt sein. Es folgten in unserer Gemeinde Gemeindeabende mit Reiner Kunze, die allererste Lesung aus dem Buch „Ahasver" mit Stefan Heym in der übervollen Michaeliskirche, Lesungen mit Erich Loest, Liederabende mit Gerhard Schöne und Bettina Wegner und andere „Rechtsverletzungen".

Bald waren keine Vorladungen „zur Klärung eines Sachverhaltes" mehr erfolgt. War es Resignation auf der anderen Seite?

Für uns sollten die wirklich harten Auseinandersetzungen mit dem System jedoch erst später beginnen.

Ostseeurlaub – August 1973

„Sunshine outside", schallte es morgens um 7.30 Uhr durch alle Räume der Einzimmerwohnung, wenn die Großtante von der Nachtschicht bei der Deutschen Reichsbahn heimkehrte, um die fünfköpfige Urlauberfamilie aus Sachsen aus dem Schlaf zu holen. Die Tante brauchte jetzt nach „Feierabend" Arbeitsfreiheit in ihrer Küche.

Da Wohnraum in Urlaubsgebieten, der eventuell an Urlauber vermietet werden konnte, vom „Freien Deutschen Gewerkschaftsbund" (FDGB) beschlagnahmt wurde, musste man sich zu helfen wissen, wenn man – wie zum Beispiel die Pfarrer und ihre Familien – nicht zu dieser „Gewerkschaft" gehörte und somit keinen Anspruch auf Urlaubsvermittlung hatte.

Wohin also sonst im Urlaub, wenn nicht zur Tante nach Graal-Müritz, sie hatte „Platz" für die Familie in ihrer Wohnung: Die Söhne – zehn und neun Jahre alt – schliefen auf der Luftmatratze in der Küche, die Eltern auf der gleichen Unterlage im Wohnzimmer und die achtjährige Tochter zusammen mit der Großtante im sogenannten Bad. Gut, dass mangels Ersatz die defekte Badewanne seit Jahren entfernt und der dafür vorgesehene Raum frei war; nun konnte auf deren Stammplatz die alte Seegrasmatratze für die Tochter liegen.

Bei Sonnenwetter zog die Familie an den Ostseestrand, bei Kühle ging es in den Wald zum Beerensammeln – der Vater erklärte sich dann zur VEAB (die „VEAB" war der „Volkseigene Einkaufs- und Aufkaufsbetrieb", den es in jedem Ort gab und der die Garten- und Feldfrüchte der „Kleinerzeuger" für die Versorgung der Bevölkerung zu sammeln hatte).

Aber wohin mit der Urlauberfamilie bei Regen? Sie musste raus aus der Wohnung: also der Bildung nachhelfen und Kirchen, Klöster oder Museen besuchen.

Am Ende waren alle glücklich und freuten sich auf den Sommerurlaub im nächsten Jahr an der Ostsee.

Kinderlied zum 25. Jahrestag der Republik 1974

Im Schulheft unserer Tochter (acht Jahre, „Nichtpionier“) fanden wir folgenden Liedtext:

„Pionierexpreß DDR 25

Pioniere Dampf gemacht, denn unser Zug soll roll'n.
Ladet eine gute Fracht, weil wir doch helfen woll'n.
Lernen für die Republik, übt Solidarität!
Freundschaft zur Sowjetunion im Frachtbrief steht.
He, he, die Strecke frei! Wir fahr'n vorbei.
Unser Pionierexpress – die Strecke frei!

Ab und zu wird umrangiert und keiner scheut die Müh'.
Neu bepackt und frisch geschmiert, ja lasst die Funken sprüh'n.
Mit guten Taten wollen wir beweisen uns're Kraft.
Jeder fleißig mit am Sozialismus schafft.
He, he, die Strecke frei! Wir fahr'n vorbei …

Schöner uns're Schule, schöner macht die Republik!
Deckt mit vielen guten Taten den Geburtstagstisch.
Pioniere sind die jüngsten Helfer der Partei.
Wir Thälmann-Pioniere sind mit dabei!
He, he, die Strecke frei! Wir fahr'n vorbei …

Thälmann, Marx und Lenins Lehren geben uns sehr viel,
zeigen uns die Wege für das große Ziel.
25 Jahre Republik und Friedensstaat.
Auf, ihr Pioniere – seid bereit zur Tat.
He, he, die Strecke frei! Wir fahr'n vorbei …“

Höhere Mathematik

Der Zehnjährige hatte seine Krankheit und die erheblichen Schmerzen tapfer getragen. Dass es eine Krankheit zum Tode war, wussten die Eltern. Darum wollten sie ihm nach Möglichkeit alle Wünsche erfüllen.

Freunde aus Westdeutschland hatten im Herbst 1974 Medikamente zur Linderung der Nebenwirkungen und der Schmerzen angeboten. Doch die DDR-Behörden lehnten eine Einfuhr ab: „Wir sind nicht auf die Hilfe des kapitalistischen Auslandes angewiesen.“ Und die Ärzte durften und wollten illegal eingeführte Medizin nicht verabreichen. In der DDR ging Ideologie vor Menschlichkeit, das war bekannt.

Der Junge hatte einen Herzenswunsch: einmal im Leben und nur einen Tag ins Ausland fahren. Nur, dafür musste man einen Tag abwarten, an dem die Schmerzen erträglich und die körperlichen Kräfte ausreichend waren. Die Ärzte halfen uns dabei.

Wir fuhren mit unserem Skoda S100 – ein besonderes Geschenk von westdeutschen Freunden, das uns 20 Jahre gut gedient hat – in die Tschechoslowakei, nach Karlsbad, Marienbad und Eger.

Es war – in jeder Hinsicht – ein sonniger Tag. Wir hatten alles gut und von langer Hand vorbereitet: die Fahrtroute festgelegt und den gesetzlich verordneten Geldumtausch für einen Tag getätigt, sorgsam in den Pässen eingetragen von der Staatsbank der DDR.

Der Junge freute sich an den unbekannten Städten, an der fremden Sprache, an den ungewohnten Geschäften mit ihren landestypischen Auslagen.

In Karlsbad gab es mittags Wunschessen nach Karte: das übliche Ratespiel, wenn man die Landessprache nur mangelhaft versteht, in Marienbad tschechisches Softeis Zmrzlina, und in Eger freute sich der Zehnjährige an den engen Gässchen am

Markt, in welchen man mit ausgebreiteten Armen die Hauswände beider Straßenseiten zugleich berühren konnte.

Am Abend hielten wir kurz vor der Grenze zur DDR noch einmal an einer Tankstelle an: In der ČSSR war das Benzin besser und billiger als zu Hause.

Wir waren noch keine 200 Meter weit gefahren, da sagte der Zehnjährige voller Entsetzen: „Also, das verstehe ich nicht. Wir haben zu Mittag gegessen, Eis und Cola gehabt, einen Strohhut für mich gekauft und für die Geschwister ein Geschenk, und nun hast du für 48 Kronen getankt. Da stimmt etwas nicht."

Verstehen konnte dieses Erstaunen nur ein Insider. Darum baten wir um Geduld: Die Grenzanlagen waren bereits zu sehen, und wir versprachen, dann, nach den Kontrollen, ihm alles zu erklären.

Der Junge wusste, wie viel DDR-Geld ein DDR-Bürger für einen Tag umtauschen durfte, und er konnte rechnen. Was er nicht wusste: wo im Auto das Versteck war, in dem das Restgeld von einer früheren Reise verstaut war.

„Kluge Kinder sind ein Segen für die Eltern", zitierte nicht selten ein Freund der Familie; manchmal kann kindliche Klugheit auch zur Gefahr werden.

Rundschreiben des Landeskirchenamtes vom 27. September 1976

„An alle Pfarrer unserer Landeskirche
Folgendes ist in den Gottesdiensten am 3. 10. 1976 bekanntzugeben: Wir unterrichten unsere Gemeinden davon, dass das Gemeindeblatt unserer Landeskirche DER SONNTAG Nr. 39 zum vorgesehenen Datum, 26. September 1976, nicht erscheinen konnte. In dieser Nummer sollte der von der Konferenz der Evangelischen Kirchenleitungen einstimmig beschlossene „Brief an die Gemeinden“ – Kanzelabkündigung vom 19. September 1976 zum Abdruck kommen.

Der Ausfall dieser Nummer wird zu einem späteren Zeitpunkt durch Nachlieferung ausgeglichen.

Es wird gebeten, den Brief der Konferenz der Evangelischen Kirchenleitungen in den Gemeinden und ihren Kreisen zu besprechen.

Ev.-Luth. Landeskirchenamt
I.V. NN“

Ein Geschenk für mein Patenkind

Wichtiger als Briefe oder Päckchen von Freunden und Verwandten aus dem „kapitalistischen Ausland“ waren Besuche. Wir hatten solche Freunde, die trotz Schikanen, Bauchschmerzen an der Grenze und anderer Widerwärtigkeiten dennoch kamen, immer wieder, mit und ohne Kinder.

Die beste Freundschaft lässt sich allein mit Briefen kaum aufrechterhalten. Nichts konnte einen Besuch ersetzen!

Dass es vor der Reise wohl in etlichen Familien Diskussionen gab über den mitzuführenden Lesestoff, falls es in Leipzig langweilig werden sollte, oder über das allzu harte Klopapier aus dem KONSUM, das alles haben wir erst nach der Wende erfahren. Für uns waren es Feiertage, wenn sie kamen – mit dem Auto oder mit dem „Internationalen Zug" (in einer längeren telefonischen Lektion wurde ich einmal nach meiner Anfrage, wie viel Minuten/Stunden denn der Interzonenzug Verspätung habe, von der Fahrplanauskunft belehrt, dass es keine Zonen mehr gäbe und demzufolge ...).

Vom 9. bis 11. März 1979 war mein Patenkind Martin mit Eltern und Geschwistern in Leipzig. Die Kinder kannten inzwischen die Abnormitäten des anderen Deutschland: „die schwarzen Steine" in den Kohleeimern, die gedämpften Diskussionen in der Öffentlichkeit, die durch Plakatwände verdeckten bröckelnden Hausfassaden, aber auch die niedrigen Preise für Brot und Milch.

Bei einem früheren Besuch hatten wir die Kinder einmal zur Verzweiflung gebracht, als sie ohne Begleitung einkaufen wollten – mit einer von uns erstellten Einkaufsliste. Mit völlig leeren Taschen kamen sie nach Hause. Dabei hatte nichts besonderes auf der Liste gestanden: Zahnpaste, Schnittkäse, Klopapier, Obst nach freier Wahl ...

Nun überfiel mich in diesen Tagen das dringende Bedürfnis, meinem zehnjährigen Patenkind irgendeine Freude zu machen. Was sollte man auch aus dem DDR-Angebot einem westdeutschen Kind schenken, wenn das Interesse an klassischer Literatur, an Schallplatten oder Noten noch nicht geweckt sein konnte.

Also machten wir uns auf und gingen durch die Stadt Leipzig, nur wir beide allein. Kein Spielzeuggeschäft (mir fiel dabei auf, dass es in der Leipziger Innenstadt nur eines davon gab), kein Bücherladen, kein Warenhaus sollte ausgelassen werden. Irgendetwas musste sich doch finden lassen. Die Suche blieb vergeblich und die Tasche wieder leer.

Wir waren schon auf dem Weg nach Hause und kehrten im letzten, im KONSUMENT-Warenhaus am Brühl ein. Wir liefen durch das Erdgeschoss, schauten hier und da, sogar bei den Blumenvasen und Textilien, bis es plötzlich aus dem Jungen herausschoss: „Hier! Kaufst du mir eine Fahne, so eine mit Hammer und Zirkel?“

Ich tat nichts lieber als das. Es war der erste Fahnenkauf in meinem Leben – wohl auch der letzte. Das Textil aus DeDeRon verschwand in einer Papiertüte und wurde wie eine Trophäe nach Hause getragen.

Unterwegs nahm mir Martin noch ein Versprechen ab: Nichts den Eltern und Geschwistern sagen … Ich gab mein Ehrenwort.

Bald wurden die Koffer wieder gepackt und die Rückreise verlief ohne Komplikationen.

Am übernächsten Tag kommt der Vater nach Hause und traut seinen Augen nicht. Er sieht voller Entsetzen: Aus dem Gebäude der Landessuperintendentur Göttingen weht eine DDR-Fahne mit Hammer, Zirkel und Ehrenkranz …

Kräftemessen

Der Klassenfeind und die Beeinflussung durch seine Ideologie musste in jedem Fall zum Schutz der Republik und ihrer Bürger bekämpft werden – auf allen Gebieten.

Also ließ man die bürgerliche Bausubstanz in den Städten verfallen, um zugleich bürgerliche Gesinnung abzubauen. Schlimmer noch war „Westkultur“ und die Ideologie der Kapitalisten. In den Schulen wurden keine „Infiltrationen“ geduldet – das hieß, dass Filzstifte aus dem Westen, „weil die DDR-Produktion den Bevölkerungsbedarf noch (!) nicht decken konnte“, zeitweilig, aber stillschweigend akzeptiert wurden. Bei anderen Infiltrationsversuchen der Kapitalisten gab es kein Pardon.

Jochen (8. Schuljahr, „Nichtpionier“ und nicht Anwärter für die FDJ) verlässt eines Morgens die Wohnung, um wie üblich in die gegenüberliegende Schule zu gehen. Der Mutter fiel auf, dass das Frühstücksbrot noch auf dem Tisch und ein Teil der Schulbücher noch auf dem Korridor lag. Warum sich unnütz mit Dingen belasten, die man erst später braucht, hatte der Sohn gedacht, aber die in dieser Sache unwissende Mutter in die Pläne nicht eingeweiht. Sie erkundigte sich, was das denn solle. „Ich komme gleich wieder“, war die kurze Antwort, während er bereits den ersten Treppenabsatz genommen hatte.

Vor dem Haus traf er auf zwei Schulfreunde – sie hatten sich offensichtlich etwas Lustiges zu erzählen.

Nach wenigen Schritten erreichten sie das große Schulgebäude, erbaut für rund 350 Schüler, jetzt von über 600 Schülern besucht – im „Schichtunterricht“, da das oberste Stockwerk wegen Wasserschäden vom Dach her baupolizeilich gesperrt war.

Am Schuleingang drängten sich die Kinder an der Schuldirektorin vorbei, die an diesem Morgen – davon hatten die größeren Jungs gehört – Einlassdienst hatte. Ihre Aufgabe war es, alle Schüler, die mit „Niethosen“ (westliche Unkultur!) bekleidet waren, zurückzuweisen: Hose umziehen und wiederkommen; wer zu spät kommt, kriegt einen Eintrag (ins Klassenbuch, das sie bis zum Ende der Schulzeit begleitet).

Es hatte also geklappt; der Plan der Jungs war aufgegangen, die drei durften wieder den Heimweg antreten.

Was die Jungs jedoch an diesem Morgen am meisten aufbrachte und auch später zu ähnlichen Aktionen hinriss: Die Lehrer trugen selbst „Niethosen“.

An diesem Morgen: Unweit von der Direktorin stand der Mathematiklehrer der Klasse, bekleidet mit einer Levi's-Jeans.

Sozialistische Erziehung

A. Die Theorie:

Das Jugendgesetz der DDR vom 28. Januar 1974

„§1 (1) Vorrangige Aufgabe bei der Gestaltung der entwickelten sozialistischen Gesellschaft ist es, alle jungen Menschen zu Staatsbürgern zu erziehen, die den Ideen des Sozialismus treu ergeben sind, als Patrioten und Internationalisten denken und handeln, den Sozialismus stärken und gegen alle Feinde zuverlässig schützen.

Die Jugend trägt selbst hohe Verantwortung für ihre Entwicklung zu sozialistischen Persönlichkeiten."

B. Die Praxis:

Sportunterricht im 9. Schuljahr 1980/81 unserer Tochter Ute: neben Geräteturnen Handgranatenwerfen und zum Abschluss des Schuljahres ein Marsch in Schutzanzug und Gasmaske mit Karte und Kompass im Klassenverband durch die Schonung am Stadtrand von Leipzig.

Dagegen lernten sie im Biologieunterricht: Zum Schutz unserer Wälder ist es verboten, eine Schonung zu betreten!

10. Schuljahr 1982, „Winterferien": Wiederholung des Geländetrainings, Ute wird durch die Eltern von der Veranstaltung mit militärischer Ausbildung abgemeldet und nimmt nicht teil.

11. Schuljahr 1982: Einmal im Monat ist Tag der GST („Gesellschaft für Sport und Technik", vormilitärische Jugendorganisation), d. h. Schießausbildung auf Zielscheiben mit Abbild eines Menschen im Zentrum, außerdem Information über Funkti-

onen der verschiedenen Schusswaffen – Pflichtveranstaltung für alle Schüler.

Beim Austeilen der Zielkarten verweigert Ute als Einzige in der Klasse die Teilnahme. Daraufhin der Lehrer: „Ich muss eine Meldung beim Direktor machen."

Am nächsten Tag: Diskussion mit dem Klassenlehrer. Die Schülerin argumentiert mit Leben und Lehre von Martin-Luther-King.

In der nächsten Ausbildungseinheit agiert zunächst ein junger Offiziersanwärter (Schüler der Klasse 12). Unwissend wählt er Ute aus, das Gelernte vom Vormonat über die richtige Handhabung von Schusswaffen zusammenzufassen. Die Klasse reagiert mit Gelächter.

Statt der Herbstferien stehen im 11. Schuljahr zwei große (schriftliche) Hausarbeiten nach eigener Wahl auf dem Plan mit dem Ziel, durch die intensive Auseinandersetzung mit den eigenen Begabungen und Studienwünschen einen geeigneten Studienplatz zu finden.

Alle, bei denen bekannt ist, dass sie sich zur Jungen Gemeinde halten, müssen die beiden Hausarbeiten (ohne Wahlmöglichkeit) im Fach Staatsbürgerkunde („Stabü") schreiben zum Thema „Sozialistische Produktionsweise" und „Wie stehen Sie zum Marxismus-Leninismus und welche Fragen haben Sie dazu?".

Studienwünsche spielen hier ohnehin keine Rolle, da sie nicht als Anwärter für einen Studienplatz vorgesehen sind.

Utes Hausarbeiten machen schwerpunktmäßig den Gegensatz zwischen Sozialismus und Kirche, zwischen Glaube und Ideologie deutlich.

Die Stabü-Lehrerin, zugleich FDJ-Sekretärin dieser Schule, ist noch jung und unerfahren. Sie zensiert die sehr offene, kritische und ehrliche Arbeit von Ute mit einer Zwei.

Bei der Rückgabe der Arbeiten an die Schüler erfährt Ute, dass in ihrem Fall zuvor ein Gespräch stattfinden müsse, bei dem eine weitere Kollegin anwesend sein wird. Daraufhin Ute spontan: „Dann bringe ich meinen Vater mit."

Daraufhin geschieht nichts, d. h. zunächst!

Nach 20 Monaten (!) legt – während der mündlichen Prüfung zum Abitur – die Lehrerin das Heft mit der Hausarbeit auf Utes Bank – wortlos!

„Bevölkerungseingabe"

Gesetzliche Vorgabe:
„Bevölkerungseingaben sind in jedem Fall zu beantworten."

Brief vom 2. Juli 1979

„An den Ministerrat der Deutschen Demokratischen Republik
Ministerium für Volksbildung
1086 Berlin
Unter den Linden 69–72

In den vergangenen Wochen hat es sich wiederholt ereignet, daß in der 33. Polytechnischen Oberschule in Leipzig christliche Schüler in verschiedenen Klassen durch den Lehrer Herrn Jaschek

> durch Verächtlichmachung des christlichen Glaubens,
> durch Veränderung historischer Tatsachen zugunsten antikirchlicher Propaganda und
> durch Ausfragung von Schülern nach ihrer Kirchenmitgliedschaft vor versammelter Klasse

diskriminiert wurden. Daneben wird durch den o. g. Lehrer die christliche Überzeugung durch Redensarten und Verse während des Schulessens und zu anderen Gelegenheiten verunglimpft (z. B. „Jesus spricht zu seinen Jüngern, wer keine Gabel hat, nimmt die Finger").

In Stellvertretung für die christlichen Schüler der 33. POS und deren Eltern protestiere ich entschieden gegen diese Handlungen und erwarte, daß o. g. Lehrer zur Rechenschaft gezogen wird. Ihrer Stellungnahme sehe ich entgegen.

Wilhelm Schlemmer"

Antwort vom 17. Juli 1979

„Ministerrat der Deutschen Demokratischen Republik
Ministerium für Volksbildung
Der Minister – Sekretariat

Werter Herr Schlemmer!
Ihre Eingabe vom 2.7.79 haben wir erhalten.
Da die von Ihnen angeführte Angelegenheit am sachkundigsten an Ort und Stelle geklärt werden kann, haben wir den Bezirksschulrat von Leipzig mit der weiteren Bearbeitung beauftragt.

Bitte erwarten Sie von dort weitere Nachricht.
Mit sozialistischem Gruß
Imhof
Studienrat Ruth Imhof, Leiter der Eingabenstelle"

Da keine Reaktion erfolgte, schriftliche Mahnung durch mich an den Bezirksschulrat am 19. September 1979.

Weisungsgerecht – „Bitte erwarten Sie von dort weitere Nachricht" – warte ich noch heute.

Elternseminar unter Polizeiaufsicht

Hilfe für das Zusammenleben in der Familie, Hilfe zum Glauben, Informationen und Diskussionsmöglichkeit zu schulischen Problemen u. a. m waren die Ziele unserer Elternabende. In regelmäßigen Abständen luden wir die Eltern unserer Christenlehre-Kinder und unserer Konfirmanden in das Pfarrhaus ein.

Diesmal war ein dreitägiges Elternseminar zum Thema „Erziehung zum Frieden" angesagt. Wir wollten die Eltern informieren über die vormilitärische Erziehung in der Schule, über die Rechte der Eltern und über das Einüben von Formen friedlicher Auseinandersetzung in Familie, Schule und Gesellschaft.

Zum zweiten Abend hatten wir die Landeskatechetin aus Dresden eingeladen. Sie hatte ein hohes Ansehen in den Kirchgemeinden und verfügte über allgemein nützliche Erfahrungen im Umgang mit gesellschaftlich brisanten Themen.

Sie war bereits am späten Nachmittag gekommen, um sich über den Verlauf des ersten Abends und über eventuelle Sonderprobleme zu informieren. Nun saßen wir beim Abendessen – in 40 Minuten sollte der Abend im Erdgeschoss des Hauses beginnen.

An der Wohnungstür hatte es geläutet. Meine Frau schaut, wer vielleicht vor Beginn des Abends noch ein Anliegen hat. Sie kommt etwas blass zurück und sagt nur: „Ein Grüner steht draußen, er will zu dir."

Ich gehe hinaus, und vor mir steht ein Volkspolizist, wortlos, und erst nachdem ich ihn gefragt habe, welches Anliegen ihn zu uns führt, lächelt er und sagt: „Erkennen Sie mich nicht? Ich war mal Ihr frechster Konfirmand!"

Da fiel es mir wie Schuppen von den Augen, ich erkannte sein Gesicht unter der Polizeimütze, sein Name war sofort parat und ich erinnerte mich, dass er tatsächlich kein ganz einfacher

Konfirmand war, aber sicher auch kein einfacher Sohn seiner Eltern.

Ich nahm ihn mit in mein Arbeitszimmer. Er erzählte kurz, dass er – als Frucht der Konfirmandenzeit – den Dienst bei der Volksarmee verweigert habe und so beim Wachtdienst der Volkspolizei gelandet sei. Nun sei er nach Leipzig verlegt, habe seinen ersten Ausgang, und diesen freien Abend wollte er bei seinem Pfarrer verbringen.

Ich sagte ihm, dass ich diesen Abend besetzt bin, sagte auch, was wir vorhatten, in der Hoffnung, dass er sich für Probleme von Eltern nicht interessiere. Aber er erwiderte: „Ich komme mit!"

Nun aber hatte ich ein Problem. In unseren Elternabenden wurde stets sehr offen diskutiert, und keiner rechnete damit, dass von falscher Seite mitgehört werden könnte. Nun das brisante Thema „Erziehung zum Frieden" angesichts der Militarisierung der Gesellschaft – in Gegenwart von jemandem in der Uniform der Volkspolizei.

Wir einigten uns darauf, dass ich in einem einleitenden Wort etwas zu seinem Besuch und zu seiner Person sage.

Dann betraten wir mit der Referentin des Abends den Gemeindesaal. Über 70 Leute waren versammelt – in einem lebendigen Gespräch. Beim Anblick des Uniformierten wich das Gemurmel einer eisigen Atmosphäre. Später sagte eine Mutter: „Das konnte ich überhaupt nicht einordnen, dass mit Ihnen ein Volkspolizist den Saal betritt; war da eine Verhaftung vorausgegangen?"

Dann erzählte ich unsere Geschichte, erzählte von den Konfirmanden in der ersten Kirchgemeinde, von den Streichen dieses einen und von seiner Entscheidung für die Bausoldaten.

Der Behandlung des Themas war dann nichts davon anzumerken, dass wir unter Polizeiaufsicht versammelt waren.

Unterentwickelt

Manche Leute sammeln Bierdeckel – die Tochter sammelte Urkunden: ausgestellt im Laufe von sieben Jahren von der Schulleitung (nicht wie eigentlich üblich während des Fahnenappells vor allen Schülern der Schule, sondern persönlich unter vier Augen überreicht), vom Rat des Kreises, vom Rat des Bezirkes, vom Ministerrat der DDR – Urkunden für gute Leistungen im schulischen Unterricht.

Nicht verwunderlich für eine, die als Schulbeste bezeichnet wird, wenn sich auch ein Makel durch alle Schuljahre zieht: Ute ist weder Mitglied der Jungen Pioniere noch später Mitglied der FDJ oder der „Gesellschaft für Deutsch-Sowjetische Freundschaft".

Sie ist stark engagiert in der Kirchgemeinde und in der Volksmusikschule Leipzig.

Kurz vor den Weihnachtsferien 1979 im achten Schuljahr nimmt der Klassenlehrer sie beiseite: „Du musst noch vor Weihnachten deinen Antrag für die EOS (ab 9. Schuljahr „Erweiterte Oberschule" mit Abitur) abgeben; sieh zu, dass man dir kein Versäumnis vorwerfen kann …"

Der Lehrer wollte gern, dass Ute zur EOS übergehen konnte.

Die Antragsformulare gehen sorgfältig ausgefüllt noch vor Beginn der Weihnachtsferien bei der Schulleitung ein.

Monate vergehen. Auf Anfrage bekommt sie im April 1980 die mündliche Auskunft: Der Übergang zur EOS wird abgelehnt. Befragt nach der Begründung für die Ablehnung erfährt die 14-Jährige: Die Schulleitung ist nicht verpflichtet, darüber Auskunft zu erteilen.

Da seit Einführung der Polytechnischen Oberschulen in der Republik alle Schüler den Zehnjahresabschluss erreichen sollen, bleibt ihr dieses Ziel, jedoch nicht das Abitur.

Der Familienrat denkt über die neue Situation und über Gegenmaßnahmen nach. Ein Gespräch mit der Schuldirektorin verlief erfolglos, sie galt allgemein als besonders strenge Parteigängerin, die äußerst korrekt nach den Maßstäben der SED handelt.

Kaum erfolgversprechender war erfahrungsgemäß ein Gespräch mit der übergeordneten Behörde, dem Kreisschulrat.

Dennoch meldet der Vater sich dort an. Wie die Ablehnung begründet wird, wollte der Vater wissen. „Wir geben keine Auskunft, bitte verlassen Sie umgehend den Raum", war die Antwort.

Der Vater blieb – trotz Androhung, wegen Hausfriedensbruches verklagt zu werden. Das Gespräch wurde lauter. Am Ende war die Begründung für die Ablehnung ausgesprochen: „Ihre Tochter entspricht in ihrer Persönlichkeitsentwicklung nicht den Anforderungen der EOS." So soll es in der Ablehnung durch die Schulleiterin gestanden haben.

Mit dieser mündlichen Auskunft spricht der Vater eine „Etage" höher vor, beim Bezirksschulrat, diesmal allerdings versehen mit Anschauungsmaterial. Vor der Amtsperson breitet er eine Sammlung von 36 Urkunden für besondere schulische Leistungen aus und stellt den Bezirksschulrat vor eine echte Wahl: Entweder kann er diese Urkunden oder die Begründung für die Ablehnung anerkennen.

Eine Ministerratsurkunde für gutes Lernen als unzutreffend abzutun, dazu fehlte auch ihm der Mut.

Also die Entscheidung an der Schulbasis revidieren?! Nur seien leider alle Plätze in den Erweiterten Oberschulen besetzt. Aber sollten sich nach dem zehnten Schuljahr die Zeugnisse der Tochter nicht verschlechtert haben, wird sich sicher ein freier Platz finden lassen.

Gesellschaftliches Missverhalten muss also bestraft werden: Noch zwei Jahre Schulbank drücken unter verminderten Leistungsanforderungen, damit der Leistungsunterschied zwischen gesellschaftlich konformen Schülern und gesellschaftlichen Außenseitern wenigstens beim Abitur deutlicher zu Tage tritt.

Dennoch war 1984 das Abitur geschafft.

4. Kapitel: Freiberg in Sachsen 1982–1994

Die kirchlichen Baubrigaden

Ein besonderes Problem waren die baufälligen und dadurch nicht selten gefährlichen Kirchen und Pfarrhäuser (die meisten hatten noch ein WC mit „Luftspülung"). Jahr für Jahr führte der Superintendent eines Kirchenbezirkes mit dem Vorsitzenden des Rates des Kreises und dem Kreisbaudirektor im Herbst ein (Bitt-)Gespräch über Baukapazitäten für das kommende Kalenderjahr.

Zu den „Baukapazitäten" gehörten die staatliche Baugenehmigung für Neubau oder Reparaturen, die Zuweisung von ausführenden Betrieben und benötigten Materialien und – falls es sich um denkmalgeschützte Bauten handelte – die Möglichkeit der Beantragung von Fördermitteln der Denkmalpflege.

Da der Kirchenbezirk Freiberg das Gebiet der staatlichen Kreise Freiberg und Brand-Erbisdorf umfasste, hatte ich jedes dieser Gespräche in doppelter Ausführung. Die Genehmigungen blieben in jedem Jahr hinter unseren Wünschen und den Notwendigkeiten zurück; manche Kirchen (Markuskirche in Leipzig z. B.) mussten aufgegeben und sogar abgerissen werden, weil über Jahre hinweg die Baukapazitäten versagt wurden.

Das war – neben echter Mangelwirtschaft – auch das geheime Ziel der Staatsmacht.

Andererseits kam es sehr selten vor, dass ich nicht verbrauchte Denkmalpflegemittel anderer aufbrauchen konnte (es gab in Freiberg eine Periode, in der wir einen guten Vorsitzenden und einen ebenfalls uns wohl gesonnenen Kreisbaudirektor hatten); aber manchmal ging ich ohne eine Handwerkerstunde und ohne einen Nagel aus diesen Gesprächen nach Hause.

Die Landeskirche gründete aufgrund dieser jahrzehntelangen Erfahrungen eigene Baugruppen: Maurer, Dachdecker, Elektriker wurden eingestellt und zu einer „kirchlichen Baubrigade" vereint. Der Superintendent war der Chef; wichtiger war der Bauleiter, der genügend Fantasie und Organisationstalent entwickeln musste, um die nötigen Materialien zu besorgen.

Die Bauleistung der Gruppen hing sehr von der Qualität der Arbeit und von der inneren Bindung der Mitarbeiter zur Kirche ab. Es gab keine Spitzenlöhne. Nicht alle Gruppen haben ordentlich gearbeitet.

Die „Dombaubrigade" im Kirchenbezirk Freiberg war die erste in der Landeskirche und wohl auch die beste unter allen. Die Mitglieder gingen nicht nur einem Job nach, sondern bauten mit an „der Kirche" – ein Segen für mich als Superintendenten, mit dem Kirchenbezirk Freiberg diese Gruppe 1982 übernehmen zu können.

Nach der Wende 1990 entsprachen diese Baugruppen der Kirche nicht mehr den wirtschaftlichen Gegebenheiten und Vorstellungen der neuen Bundesrepublik. „Ihr müsst alle entlassen", war die Order aus Dresden.

Sollte man wirklich die bewährten Handwerker auf die Straße schicken, die ihr Berufsleben an die Kirche gebunden und die oft einmalige Erfahrungen im Umgang mit historischer Bausubstanz hatten?

Streitgespräche mit den kirchenleitenden Gremien wurden ausgetragen, zum Teil recht heftige; es sind auch Tränen geflossen. Am Ende haben wir einen Weg gefunden; der war zwar nicht einfach, aber gangbar.

Auch hier ein nochmaliges Danke! an alle Mitarbeiter über so viele Jahre.

Domführungen

90.000 sehr unterschiedliche deutsche und ausländische Touristen besuchten jährlich den Dom zu Freiberg. Die Domgemeinde hatte für diese eine eigene Gruppe kirchlich ausgebildeter Domführer. Nicht nur Kunstgeschichte wollten sie in zuverlässiger Qualität weitergeben, sondern auch die christliche Botschaft, die durch das weltbekannte Kulturerbe vermittelt wird.

Das entsprach aber nicht den Wünschen der Staatsvertreter und der staatlichen „Kulturschaffenden".

Mehr zufällig wurde ich auf eine Gruppe Besucher aufmerksam, die von einem mir damals noch Unbekannten geführt wurde. Während mir zunächst nur seine Anhäufung von Daten auffiel und dass er den Dom als eine mit staatlichen Mitteln restaurierte Kirche ausgab, glaubte ich dann meinen Ohren nicht mehr trauen zu können.

Die Gruppe stand vor der Pieta von 1430, einer besonders eindrucksvollen Holzplastik von einmaliger Bedeutung: die leidgeprüfte Maria hält ihren gekreuzigten, toten Sohn Jesus im Arm.

Von dem „Kunstgeschichtler" jedoch hörte ich: Hier stehen wir vor einem Zeugnis kapitalistischer Ausbeutung des werktätigen Menschen: „Eine Mutter hält ihren Sohn im Arm, der als Bergmann Opfer unmenschlicher Arbeitsbedingungen im Freiberger Bergbau wurde. Durch den Verlust des Verdieners fiel die Familie in bittere Armut …"

Das war mir dann doch zu viel Geschichtsfälschung und sozialistische Deutung alter Kunstwerke. Ich machte von meinem Hausherrenrecht Gebrauch, sprach ihn an und korrigierte ihn vor seiner Gruppe, was zu einem Wortwechsel führte.

Dieser Vorfall war kein Irrtum und leider auch kein Einzelfall. Er gehörte zu einem Programm. Nicht nur die „bürgerlichen

Reste", sondern auch die christlichen sollten aus dem gesellschaftlichen Bewusstsein verschwinden.

Darum hieß ein erzgebirgischer Weihnachtsengel im offiziellen Jargon „Jahresendflügelfigur", und die erzgebirgische Weihnachtspyramide mit Krippe und Hirten und Königen wurde zum „Figurenkarussell" mit Hirsch, Reh und Tannenbäumen. Das „Christkind" wurde ersetzt durch Väterchen Frost, und viele unserer alten Weihnachtslieder ertönten auf dem Weihnachtsmarkt mit veränderten Texten.

Im öffentlichen Raum konnten wir – außer lautstarken Protesten und mündlicher Propaganda für das Original – nicht viel machen. Aber in den kirchlichen Raum sollten diese Absurditäten keinen Einzug halten.

Darum hatte ich bereits einige Zeit vorher das Thema im Kirchenvorstand angesprochen, und dieser hatte beschlossen, in Zukunft nur noch die eigenen Domführer zuzulassen. Die städtischen Dienststellen wurden über diesen Beschluss und über den Grund unserer Entscheidung informiert.

In einer Aktennotiz der Staatssicherheit – aufgedeckt durch die Gauck-Behörde – klang der Vorfall dann folgendermaßen:

> „Dr. NN hat mit einer Gruppe Parteischülern den Dom von Freiberg besichtigt. Er hat diese Gruppe bei der Domführung angemeldet und dabei erklärt, daß er die Führung selbst durchführt. Damit war die Kolln. der Domführung nach Diskussion einverstanden. Es ging Dr. NN um die Erklärung des Doms als historisches Bauwerk. Während der Führung stellte sich dann der Superintendent Schlemmer zur Gruppe um Dr. NN und hörte sich einen Teil seiner Ausführungen mit an … Am Ende der Ausführungen gab es dann ein Gespräch zwischen dem Superintendenten und Dr. NN. In diesem Gespräch äußerte der Superintendent, dass es nicht der

Vereinbarung entspricht, daß Dr. NN eine Führung durchführen darf. Führungen wären nur noch durch die dafür angestellten Domführer möglich …

Klemm, Ref. Kirchenfragen“

Erst in den letzten Jahren wurde erlaubt, dass Lehrer mit ihren Schulklassen zum „Wandertag“ eine Kirche besichtigten. Natürlich hatten wir uns darauf vorbereitet, um den Kindern ein fröhliches Zeugnis vom Glauben der Christen zu geben.

Scheckgespräche

Der SED-Staat legte großen Wert auf Gespräche mit den Bürgern und auch mit den Vertretern der Kirchen. Nach den harten Auseinandersetzungen in den 50er-Jahren sollte ein gutes Miteinander zwischen Staat und Kirche dargestellt und den kirchenleitenden Personen die Politik des Arbeiter- und Bauernstaates dargestellt werden – nicht zuletzt um wiederholt zu unterstreichen: „Die Machtfrage ist geklärt.“ (Das heißt, die Kirche hat in der Gesellschaft der DDR kein Mitspracherecht, sie darf lediglich in ihren Räumen ihren Kult ausführen.)

Um nicht ständig neue Motive für Gespräche zwischen dem Rat des Kreises und dem Superintendenten zu erfinden, hat man sich etwas einfallen lassen.

Die sogenannten Staatsmittel, also die Gelder, die der Staat den Kirchen aufgrund uralter Verträge zu zahlen hatte, wurden – ausgegeben als „freiwillige Staatsleistungen“ – aufgeteilt in kleinere Summen in Form eines Verrechnungsschecks an ausgesuchte Superintendenten übergeben. Um an das Geld zu kommen, musste man also Rotlichtbestrahlung (wie der Volksmund sagte) über sich ergehen lassen.

In der sächsischen Landeskirche gab es für Gespräche mit Staatsvertretern eindeutige Regeln – ungeschrieben, aber in der Regel von allen angenommen:

> Niemals geht ein Kirchenvertreter allein zu solchen Gesprächen (zu zweit redet man bedachter und verantwortlicher, und man hat einen Zeugen).
> Jeder hält die „Ebenen" ein: Der Bischof spricht mit dem Rat des Bezirkes, der Superintendent mit dem Rat des Kreises, der Gemeindepfarrer verhandelt mit dem Rat der Gemeinde (Bürgermeister).
> Unsere Gesprächspartner sind nur diese Räte, nicht die Staatssicherheit, nicht die Polizei, nicht die Parteileitung.
> Es erfolgen keine Presseberichte (die waren nie korrekt), und es wird auf Bewirtung verzichtet.
> Jedes Gespräch wird anschließend intern ausgewertet.

Diese Regeln haben uns viel Ärger erspart, damals in der DDR und heute beim Blick zurück. Schließlich saß der Vorsitzende des Rates auch nie allein vor uns, sondern wurde stets begleitet vom sogenannten Kirchenreferenten (und heute wissen wir: auch von einem Mikrofon).

Eine meiner eigenen Bedingungen war auch diese: Beide Seiten bekommen in jedem der Gespräche die Möglichkeit, ihre Themen anzusprechen.

So konnte ich unsere Sorgen benennen, auch wenn sie damit noch lange nicht behoben waren: die Behinderung des einzelnen Christen in der Schulbildung oder am Arbeitsplatz, Engpässe in der Versorgung der Bevölkerung, die vormilitärische Ausbildung der Schulkinder, die besonderen Umweltprobleme im Kreis Freiberg, die Schikanen gegen Ausreisewillige und nicht linientreue Bürger und immer wieder der Schießbefehl an der Mauer.

Am Ende des Gespräches folgte dann mit der Gebärde der Großzügigkeit die Übergabe des Schecks – von mir regelmäßig mit der Bemerkung entgegengenommen: „Ich danke im Namen unserer Landeskirche für die Erfüllung der Staatspflicht."

80. Geburtstag im Frühsommer 1984

Sie war 37 Jahre ehrenamtlich in der Kirchgemeinde tätig – im Kindergottesdienst, im Kirchenvorstand, im Chor, im Gemeindekreis. Jetzt lebt sie zurückgezogen in zwei Zimmern ihrer Altbauwohnung.

In vier Wochen ist der 80. Geburtstag. Sie soll spüren, dass sie von ihrer Kirchgemeinde nicht vergessen ist.

Was sie braucht, hat sie. Sie lebt bescheiden. Womit ihr jetzt eine Freude machen? Sie liebt Blumen!

An der Tür des Blumengeschäftes wie immer ein vergilbtes Schild: „Keine Schnittblumen" (am unteren Rand unübersehbar die Druckgenehmigungsnummer). Im Laden Grünpflanzen: Ficus elasticus, Scindapsus aureus, Chlorophytum, Asparagus ...

Doch man kennt sich in der Kleinstadt Freiberg.

Die Bestellung für „Schnittblumen" wird notiert, der Preis vereinbart. „Aber Sie wissen, Herr Superintendent, ohne Garantie. Ich weiß nicht, was kommt." Beide gehen mit ihrem Wissen auseinander.

Am Geburtstagsmorgen pünktlich neun Uhr zur Ladenöffnung: „Ich hatte bestellt!" Der Chef verlässt den Laden durch eine Tür zu den hinteren Räumen.

Nach vier Minuten überreicht er dem Kunden ein in das „Neue Deutschland" eingepacktes Etwas – vor den Augen interessiert schauender Kunden.

Das Geld wechselt in vereinbarter Höhe den Besitzer. Erleichtert und frohen Mutes verlasse ich den Blumenladen durch die Tür mit dem vergilbten Schild „Keine Schnittblumen" – nicht wenig gespannt zu erfahren, was ich denn da in der Hand halte.

Das Gemüseauto kommt

Es war für einen Außenstehenden ein absurdes, unerklärliches Bild: Vor dem Gemüseladen auf dem Freiberger Obermarkt (oder in einem anderen Ort) steht eine Menschenschlange, ordentlich in Zweierreihe und ohne zu drängeln, in der Regel aber in Gespräche vertieft.

Das Gemüsegeschäft war leer, kein Mensch (außer den Verkäuferinnen) war zu sehen.

Was die Kunden in der Schlange kaufen wollten, wussten sie selbst noch nicht.

Wer sie nach dem Grund der Schlange fragte, bekam zur Antwort: „Das Gemüseauto war noch nicht da."

Vom Vortag war nichts zurückgeblieben, und was heute kommt, wusste keiner von ihnen.

Also abwarten und den Speiseplan der Familie einstellen auf die noch unbekannten Gegebenheiten.

„Pfarrergespräch"

Der Rat des Kreises Freiberg hatte – in Absprache mit mir – alle Pfarrer seines Gebietes zum Gespräch am 2. Oktober 1984 eingeladen. Diese Gespräche hatten eigentlich mindestens zweimal im Jahr zu erfolgen und gehörten zum Aufgabengebiet des Vorsitzenden des Rates. Sie sollten einerseits die Pfarrer ideologisch beeinflussen, über die „Friedenspolitik der Deutschen Demokratischen Republik und die Kriegsvorbereitung der NATO" informieren, andererseits sollten Einstellungen, Probleme und Unternehmungen der Pfarrerschaft in Erfahrung gebracht werden.

Als Anlass wurde diesmal der 35. Jahrestag der Deutschen Demokratischen Republik vorgegeben. Da unsere Seite gewillt war, eine gewisse Abrechnung über die vergangenen Jahre zu machen, beteiligten sich auch die katholischen Gemeindepfarrer des Kreisgebietes an der Veranstaltung: der Freiberger Pfarrer Burchert und seine ohnehin zahlenmäßig sehr wenigen Kollegen.

Mit der persönlichen Begrüßung zwischen dem Vorsitzenden und mir wurde durch mich gebetsmühlenartig an die „Regeln" erinnert. Diese waren – unverändert seit Jahren – in allen vorbereitenden Gesprächen wieder und wieder erläutert worden: Gleiche Redezeit für beide Seiten, keine Bewirtung, keine Pressenotiz.

Der Vorsitzende sprach seine vorformulierten Grußworte, erörterte die wirtschaftliche Situation der immer „weiter erstarkenden Wirtschaftskraft der DDR", kam ausführlich auf „die Friedenspolitik der Arbeiter- und Bauernregierung" zu sprechen und auf die internationale Anerkennung der „Politik der Arbeiter- und Bauernmacht". Natürlich wurden die NATO-Raketen und die Kriegspläne der Imperialisten und der „Bonner Ultras" gebührend erwähnt. 30 Minuten waren sehr schnell vergangen.

Dann kam mein Part: Schwerpunktthema war diesmal die vormilitärische Erziehung unserer Schulkinder, dass hingegen Frieden nur durch Versöhnung erreicht werden kann und dass wir als Kirche unsere Verantwortung für die Friedensarbeit und -erziehung auch weiterhin wahrnehmen werden.

Zuvor ging ich auf die mitunter unmenschlichen Probleme

derer ein, die einen Ausreiseantrag gestellt hatten. Nötig und immer gut war es, auf die Probleme bei der Versorgung der Bevölkerung und auf den Verfall von denkmalgeschützter Bausubstanz zu sprechen zu kommen.

Dann kam das Schwerpunktthema: Dass bei allen Gesprächen zwischen Staat und Kirche weiterhin die für uns besonders wichtigen Themen Schule und Armee als tabu bezeichnet werden und ich dennoch Wehrkunde und Wehrlager in den Schulen, militärisches Spielzeug in staatlichen Kindergärten als nicht vereinbar mit der sogenannten Friedenspolitik der DDR anspreche; dann die gleichen Bildungschancen für alle Schüler, auch für die kirchlich gebundenen …

Es entwickelte sich anschließend eine heiße Diskussion, in welcher die Vertreter des Staates die bereits ausgefahrenen Wege der Verteidigung anwendeten: Unsere falsche Sicht der politischen und wirtschaftlichen Situation komme von der mangelnden Rückkopplung mit der „werktätigen Bevölkerung". Dahinter verbarg sich: Die Kirche hat eben doch nur zu alten Leuten Kontakt, jedoch keine Verbindung zum werktätigen Volk, besonders nicht zur Jugend.

Wir trennten uns, ohne uns zu einigen, wenn auch diesmal der Ton beidseitig freundlich geblieben war.

Am 4. Oktober rief mich eine Pastorin des Kirchenbezirkes an: „Haben Sie die heutige ‚Freie Presse' gelesen? Schauen Sie auf die letzte Seite!"

Dort war unter der Überschrift „Gespräch mit kirchlichen Amtsträgern" zu lesen:

> „Auf einer Zusammenkunft mit kirchlichen Amtsträgern des Kreises würdigte gestern der Vorsitzende des Rates des Kreises, Genosse Heinrich Schlüter, den Beitrag der Christen beim Aufbau der DDR. Dabei hob er die Zusammenarbeit

zwischen Marxisten und Christen für Frieden und das Wohl der Bürger hervor. Die kirchlichen Amtsträger betonten ihrerseits, daß sie als gleichberechtigte und geachtete Bürger an der Gestaltung unserer Gesellschaft mitwirken und sie die konsequente Friedenspolitik der Regierung der DDR mit Dank erfüllt. Das Gespräch hatte im Hintergrund auf das bevorstehende Republikjubiläum stattgefunden."

Die schlechte Stimmung in der Bevölkerung sollte aufgefangen werden und die Kirche als Verbündeter des Staates und als Verteidiger der verfehlten Politik herhalten. Wir alle waren empört. Als Erstes rief ich meinen katholischen Kollegen und Freund an. Wir müssen etwas tun. Nicht am Telefon, sonst wissen sie schon vor allen anderen, was wir vorhaben.

Dass wir diese Hinterhältigkeit der Staatsvertreter nicht auf sich beruhen lassen würden, hatten sie mit Sicherheit einberechnet. Wir beschlossen: „Ich komme zu dir, dann entscheiden wir: Schreiben oder besuchen?"

Wir entschieden uns für beides: Schreiben mit Ankündigung eines Besuches am nächsten Tag. Das Gespräch endete ausgesprochen unfreundlich. Man wollte uns glauben machen, dass der Vorsitzende mit dem Artikel nichts zu tun und hier nichts in Auftrag gegeben hätte.

Anschließend gingen wir zur Druckerei. Sie gehörte zwar zum Firmenimperium der SED, aber wir hatten dort einen kirchenfreundlichen Mann sitzen. Der Artikel war mit dem Druckauftrag bereits am 1. Oktober eingegangen.

Eine Eiszeit begann.

Entsprechend unserer Vermutung fanden wir später in den Unterlagen der Gauck-Behörde den Mitschnitt meines Telefongespräches („A-Maßnahme der Abt. 26") mit Pfarrer Burchert:

„Anschließend konsultierte Sch. den Pfarrer Burchert. Sch. erklärte, er sei über den Artikel entrüstet, er entspräche nicht der Wirklichkeit, er will seinen Protest zum Ausdruck bringen und hoffe, daß sich B. dem anschließt. Sch. habe dort das Gegenteil gesagt. Hinsichtlich der Schulpolitik seien sie keine gleichberechtigten Partner und auch zur Friedenspolitik werde von ihnen kein Wort gesagt, daß sie das mit Dank erfülle – im Gegenteil ... B. war der Meinung, sie sollten erst einmal schreiben. (Ifo. ‚Turm' vom 4.10.1984)"

Bausoldaten

1962, ein halbes Jahr nach dem Bau der Mauer, wurde in der DDR durch ein Gesetz die allgemeine Wehrpflicht eingeführt. Von Anfang an bemühten sich die Landeskirchen um Gespräche mit Staatsvertretern. Ziel war die Einführung eines zivilen Ersatzdienstes für die, die aus Glaubens- und Gewissensgründen keinen Dienst mit der Waffe ausüben wollten.

Jedermann redete zwar vom Schießbefehl an der Grenze und dass der Soldat der NVA zum absoluten Gehorsam verpflichtet sei, aber keiner wusste, was denn der Schießbefehl tatsächlich beinhaltete. Die Berichte über Tote an der Mauer waren unterschiedlich und konnten nicht als Argumente herangezogen werden, denn sie galten als „Westpropaganda".

Heute wissen wir, dass es unterschiedliche Schießbefehle für die Soldaten an der Grenze gegeben hat. Am 3. Mai 1974 sagte Erich Honecker auf der 45. Sitzung des Nationalen Verteidigungsrates im Bericht über die Lage an der Staatsgrenze der DDR:

> „Die Unverletzlichkeit der Grenzen der DDR bleibt nach wie vor eine wichtige politische Frage ... Überall muss ein einwandfreies Schussfeld gewährleistet werden. Nach wie vor muss von der Schusswaffe rücksichtslos

Gebrauch gemacht werden, und es sind die Genossen, die die Schusswaffe erfolgreich angewandt haben, zu belobigen."

Im Dezember 1974 werden die Sondereinheiten, die zur Verhinderung von Fahnenflucht an den Grenzen der DDR eingesetzt waren, aufgefordert:

> „Verhinderung von Fahnenfluchten: … Bei Notwendigkeit haben Sie die Schusswaffe konsequent anzuwenden, um den Verräter zu stellen bzw. zu liquidieren …"
> „Verhinderung von Grenzdurchbrüchen: Es ist ihre Pflicht, Ihre Einzelkämpfer- und tschekistischen Fähigkeiten so zu nutzen, dass Sie die List des Grenzverletzers durchbrechen, ihn stellen bzw. liquidieren … Handeln Sie dabei umsichtig und konsequent, da die Praxis die Gefährlichkeit und Hinterhältigkeit der Verräter mehrfach beweist. Zögern Sie nicht mit der Anwendung der Schusswaffe, auch dann nicht, wenn die Grenzdurchbrüche mit Frauen und Kindern erfolgen, was sich die Verräter schon oft zunutze gemacht haben …"

Das alles liegt schriftlich vor und widerspricht den heutigen Aussagen der ehemaligen Staatsdiener.

Seit der Einführung der Wehrpflicht begleitete die evangelische Kirche ihre Jugendlichen, die statt des normalen Wehrdienstes den Dienst bei den Baueinheiten vorzogen oder die wegen totaler Verweigerung gar keinen Dienst leisteten und in der Gefahr standen, verhaftet zu werden. Zwischen drei und fünf Jahren Gefängnis waren bekannt.

Im Kirchenbezirk Freiberg hatten wir einen jungen Pfarrer offiziell beauftragt, sich über Gesetze und Verordnungen, über

Praktiken und Erfahrungen zu informieren. Er war Seelsorger für die Kasernierten und Ansprechpartner für die Anwärter des Militärdienstes, für die er Vorbereitungsabende organisierte. (Was muss ich bedenken, wenn ich in die Kaserne, in den Schlafsaal mit 60 bis 80 Betten einrücke, was darf ich mitnehmen, was muss zuhause bleiben?) Durch Briefkontakte und durch Päckchenaktionen zu den großen christlichen Festen zeigte er, dass die jungen Männer von ihrer Kirche nicht vergessen waren.

In der örtlichen Nachbarschaft von Kasernen der NVA wurden ebenfalls Pfarrer beauftragt, für Soldaten ansprechbar zu sein, wann dies auch nötig sei.

Es entspricht nicht den Tatsachen, wenn gesagt wird, dass es in der DDR keine Soldatenseelsorge gab. Sie vollzog sich außerhalb der Kasernentore, weil dahinter für Pfarrer und alle, die keine Sondergenehmigung hatten, verbotenes Terrain war.

Die relativ kleine Zahl der Wehrdienstverweigerer und die unüberhörbaren Forderungen der Kirche nach einem Ersatzdienst drängten die DDR-Regierung zum Handeln. Am 16. September 1964 wurde das Gesetz zur Aufstellung von Baueinheiten beschlossen – intern so begründet: Es war ein Versuch, auf diese Weise „kriminelle Elemente“ einzubeziehen, sodass sie keinen Schaden anrichten konnten. Dadurch wurde die DDR zum Außenseiter innerhalb des Warschauer Paktes.

Zunächst blieb das Gesetz unveröffentlicht und wurde erst nach elf Wochen in einem Nebenartikel des NEUEN DEUTSCHLAND erwähnt. Im November wurden bereits 250 Bausoldaten einberufen, 1980 waren es rund 1000.

Nach heftigen Diskussionen innerhalb der kirchlichen Jugend- und Friedensgruppen darüber, ob die völlige Verweigerung oder der Dienst als Bausoldat der bessere Weg für einen Christen sei, entschied sich unser Sohn Jochen für die sogenannte Spatentruppe. Hier sammelten sich viele junge Christen, von den

Vorgesetzten gefürchtet als „Meister des subtilen Widerstandes“, von den Politoffizieren gefürchtet, weil ihnen die Bausoldaten in der Regel geistig überlegen waren. Diskussionen dauerten mitunter mehrere Stunden.

Im Mai 1989 wurde unser Sohn als Vater von zwei Kindern und als selbstständiger Geigenbaumeister zu den Baueinheiten eingezogen, ganz am Ende des Wehrfähigkeitsalters – eine beliebte Abschreckungspraxis, die Verweigerer erst im höheren Alter einzuziehen.

Nach der Grundausbildung wurden die Bausoldaten seiner Truppe in eine Gummifabrik abgeordnet – der Arbeitskräftemangel gehörte zu den Grundmerkmalen des DDR-Sozialismus. Dann kam die Wende und sein Dienstort war ein staatliches Seniorenstift in Werdau. Um in die Nähe des Wohnortes zu kommen, tauschte er den Einsatzort mit einem ihm bekannten Bausoldaten ohne Absprache mit den Dienstvorgesetzten. Seine Akten blieben in Werdau, die Probleme gingen im Trubel der Wende unter.

Andere hatten es weitaus schwerer: körperlich und psychisch. Unfälle mit tödlichem Ausgang hat es meines Wissens nicht gegeben – Gott sei Dank!

Wir haben nicht geschwiegen

Auf einer Dienstbesprechung der sächsischen Superintendenten in Dresden am 22. September 1989 – die ursprüngliche Tagesordnung wurde wiederum durch Berichte über die augenblickliche Umbruchsituation in den einzelnen Kirchenbezirken ersetzt – wird ein Brief an den Ministerrat der DDR verfasst, den alle anwesenden neun Superintendenten und drei Kirchenjuristen unterzeichneten. Darin heißt es:

> „Wir haben Kenntnis erhalten von dem Aufruf ‚Aufbruch 89 – Neues Forum‘. Die darin beschriebene gesellschaft-

liche Krise in der DDR sehen wir ähnlich. Auch wir halten es für erforderlich, neue Ansätze für einen Ausweg zu suchen. Der offene und öffentliche Dialog über die uns alle angehenden lebenswichtigen Fragen in unserer Gesellschaft ist nach unserer Überzeugung unerlässlich.
Deshalb protestieren wir dagegen, dass diese Initiative vom Ministerium des Inneren als im Widerspruch zur Verfassung stehend und als staatsfeindlich zurückgewiesen worden ist. Damit wird ein unabhängiges Engagement für die Gesellschaft erschwert und wieder eine Hoffnung zerschlagen."

Eine Antwort auf diesen Brief blieb aus, hatten wir auch nicht erwartet.

Zum Verlesen in den Gottesdiensten der Landeskirche am 15. Oktober 1989 wandte sich Landesbischof Dr. Johannes Hempel in einem Brief an die Gemeinden:

„Wir sind betroffen und umgetrieben von den Ereignissen der letzten Tage ... Tausende von Menschen wollten auf verschiedene Weise ihren Willen zur Veränderung bestehender Missstände in unserer Gesellschaft zum Ausdruck bringen ... Junge Menschen wurden geschlagen und verletzt; auch Polizisten sind verletzt worden ... Deshalb möchte ich ... Euch drei Dinge schreiben, damit Ihr wisst, wie wir zu den genannten Vorgängen stehen.
Es muß Gespräche geben ... über die Enttäuschungen und Verbitterungen ... Es müssen Lösungen gesucht werden ... Es muß über die gerichtliche Verurteilungsweise und über die Freilassung der Inhaftierten gesprochen werden ...
Viel zu viele gerade auch junge Menschen verlassen unser Land ... Die Mehrzahl geht, weil sie trotz aller sozialen Sicherheit hier nicht mehr leben will ... Es muß unter

uns normal werden, nicht nur über die Vorteile unserer Gesellschaft, sondern auch über ihre Nachteile zu hören und offen zu sprechen ... Es muß der ... Unterschied zwischen dem, was in den meisten Zeitungen steht oder in der Aktuellen Kamera vermittelt wird, und dem häufigen Erleben der Bürger ... überwunden werden ... Schließlich möchte ich Euch bitten, in Gesprächen und im Gebet vor Gott dafür einzutreten, dass Gewaltanwendung – von welcher Seite auch immer – vermieden wird ... Ich bitte Euch eindringlich um unbedingte Gewaltlosigkeit ..."

Ich kenne keine Gemeinde, in der dieser Brief nicht verlesen wurde.

Ein „Pfarrergespräch" auf unseren Wunsch

Ich hatte um ein Gespräch zwischen den Pfarrern und dem Rat des Kreises und Vertretern der Stadt Freiberg über die Situation in unserer Gesellschaft gebeten. Die Zusammenkunft war für den 18. Oktober 1989 im Freiberger Rathaus vereinbart.

Vergeblich hatten wir wieder und wieder in den vergangenen Jahren auf gesellschaftliche Irrwege und auf die Resignation in der Bevölkerung hingewiesen. Wir wurden nicht gehört. Nun wollten wir uns Gehör verschaffen, und ich hatte eine Liste von einigen dringend notwendigen sofortigen Veränderungen zusammengestellt – heute klingt einiges banal, weil selbstverständlich, damals waren die sechs Themenkreise eine Herausforderung:

Bekenntnis zur Wahrheit im Blick auf die gegenwärtige Krise, im Blick auf die Umweltbelastungen und auf unveröffentlichte Verordnungen und Übernahme der Verantwortung durch die Schuldigen.

Wahrung der Bürgerrechte und Information über Inhaftierungen, Beendigung der einseitigen Schulbildung, Einstellung der Bespitzelung durch die Staatssicherheit, Schaffung von Rechtssicherheit.

Bewahrung von historischer Bausubstanz und Einsatz der heimischen Handwerker im Kreisgebiet (nicht in Ostberlin und nicht in der BRD).

Verbesserung der Obst- und Gemüseversorgung der Bevölkerung, Schluss mit der Ausstattung staatlicher Feiertage mit Bananen zur Beruhigung der Bevölkerung, Beendigung des Exportes von Kulturgütern in das westliche Ausland zur Devisenbeschaffung.

Schaffung von Reisemöglichkeiten für alle Bürger.

Öffentliche Aufarbeitung der Volkskammerwahlen vom 7. Mai 1989 im Blick auf Wahlbetrug und Aufstellung der Kandidaten, Schaffung freier und geheimer Wahlen.

Es begann eine heiße Diskussion, die – zum Glück für die Staatsvertreter – abgebrochen wurde durch eine aktuelle Nachricht: der Rücktritt Erich Honeckers und die Berufung von Egon Krenz zum Generalsekretär der SED.

Obwohl die Bedeutung dieser Nachricht unterschiedlich bewertet wurde, beherrschte sie bis zum Abschluss der Runde das Thema.

Auf „Abwegen“

A. Der „Runde Tisch“ in Freiberg

Ein dogmatischer Grundsatz wurde wie eine Formel in allen Gesprächen mit Staatsvertretern 40 Jahre lang wiederholt: „Die Machtfrage ist geklärt.“

So sagte es wiederholt Herr Modrow in Dresden zu Bischof Hempel, und diese Formel gebrauchten die Vorsitzenden des Kreisrates, die ich in Freiberg erlebt habe, sobald eine Aussage auch nur den Eindruck erweckte, es könnte eventuell ein Stück vom Machtpotenzial der Staatspartei verloren gehen.

„Die Machtfrage ist geklärt“ heißt: Hier wird nicht diskutiert, hier enden alle Forderungen oder Wünsche oder Stellungnahmen. Dennoch hatte die Phase des – auch öffentlichen – Hinterfragens längst begonnen. Nun sollte es zur offenen Konfrontation kommen.

Das Signal in Freiberg war ein Polizeieinsatz auf und vor dem Bahnhof am 4. Oktober 1989. Die Züge aus Prag mit den Ausreisewilligen sollten ohne Halt durchfahren. Freiberger Bürger – teils auf dem Weg nach Hause, teils wegen des Sonderzuges – hielten sich auf dem Bahnhof auf und wurden dort von Karl-Marx-Städter (Chemnitzer) Polizisten brutal zusammengeschlagen, von Polizeihunden angegriffen und später beim Verhör misshandelt. Die Machtfrage sollte geklärt bleiben.

Wir berieten uns in einer Gruppe von Kollegen und Freunden. Was sollen wir tun? Wir wollten unbedingt eine Wiederholung verhindern, zugleich aber auch verhindern, dass der Zorn der Bevölkerung sich auf der Straße entlädt.

Der erste ökumenische Fürbitt-Gottesdienst für die ganze Stadt am 8. Oktober führte eine große Schar zusammen, darunter 17 „Gäste“ von der Staatssicherheit, wenn wir richtig gezählt haben. Die Petrikirche wurde Mittelpunkt der Wende in Freiberg.

Besonders wichtig war uns die Auseinandersetzung zwischen den Staatsvertretern und der Bevölkerung – auf beiden Seiten ohne Gewalt. Ich hatte die Sorge, dass im Zorn Schaufensterscheiben klirren oder Personen angegriffen werden.

Also führten wir Verhandlungen mit dem Bürgermeister wegen eines geeigneten Raumes für eine Großaussprache zwischen Staatsvertretern und Bevölkerung; uns begegnete keinerlei Verständnis. Unsere Ankündigung oder Drohung wurde dann konkreter: Wenn wir keinen Raum für eine Großversammlung bekommen, öffnen wir die Petrikirche. Daran hatte er wohl nicht geglaubt, dass wir dies tun würden: „den Mob der Straße in die Kirche holen", wie die Vertreter der Stadt und des Kreises sich ausdrückten.

So kam der 25. Oktober zustande – um 17.00 Uhr war die Petrikirche überfüllt, spontan füllte sich auch die alte Mensa der Bergakademie Freiberg. Tausende waren gekommen, dazu mehr oder weniger gezwungen der Bürgermeister, der Vorsitzende vom Rat des Kreises und andere politisch Verantwortliche. Die Freiberger ließen ihre angestauten Aggressionen in Redeschlachten ab.

Eine Woche später die Fortsetzung, obwohl mich die Parteiführer beschworen hatten, das nicht noch einmal zu veranstalten: „Wir lassen unsere verdienten Genossen nicht auf dem Altar der Petrikirche schlachten."

Zehn thematisch orientierte Versammlungen schlossen sich in den folgenden Wochen an. Wir diskutierten über Bürgerrechte und freie Wahlen, über Einheit, Freiheit, Demokratie und Verantwortung, über Probleme und Auswege für die Wirtschaft und für die Umweltsituation.

Wir wollten im Blick auf kommende Veränderungen in der DDR politische Bildung anbieten und Entscheidungsfähigkeit erzielen.

Daneben gab es ungezählte kleinere Gesprächsrunden über Bildungsfragen, Städtepartnerschaft, über anstehende Wahlen u. v. a. m.

Nach einer harten Auseinandersetzung mit dem Vorsitzenden des Rates des Kreises war dieser zu einem „Runden Tisch“ für den Kreis Freiberg bereit. Die erste Tagung war am 21. November.

Anfang Dezember folgte ein Runder Tisch für die Stadt Freiberg. Beide, Stadt und Kreisrat, hätten die Teilung ihrer Macht gerne verhindert, waren aber durch die politische und wirtschaftliche Situation gezwungen nachzugeben.

Aber sie warfen sich die Bälle in dem Augenblick gegenseitig zu, als wir sie in die Hand nehmen wollten.

Eine Szene war typisch für die Situation: Anhand eines vorbereiteten Papiers machte der Vorsitzende des Kreisrates in der ersten Sitzung einen Vorschlag für eine Geschäftsordnung und die Zusammensetzung des Runden Tisches: Dazugehören sollten mit Stimmrecht die damals zugelassenen Parteien, die FDJ, der Frauenbund und die Gewerkschaft, der Konsum, die Sportlervereinigung und der Kulturbund.

Ein Gastrecht ohne Stimme war für die Vertreter der Kirche vorgesehen.

Da gab es einen Sturm von Protesten, und innerhalb von fünf Minuten hatten die beiden Kirchenvertreter das Stimmrecht, ich bekam den Hut auf, und die Vertreter des Kreisrates saßen auf den Gästestühlen ohne Stimmrecht.

Schließlich wurden auf unser Drängen im Januar 1990 die Gremien von Stadt und Kreis zusammengelegt, und unsere Verantwortung weitete sich aus.

Fortan gab es bis zur Neuwahl im Landkreis und in der Stadt regelmäßige Tagungen mit allen denkbaren Themen:

die Aufarbeitung des Polizeieinsatzes am Bahnhof und die Misshandlung von Verhafteten,
die Auflösung und Entwaffnung der Kreisdienststelle des MfS und dessen Internierungspläne im Kreis Freiberg,
die Sicherung des Zentralarchivs,
Umweltprobleme und die Versorgung der Bevölkerung mit Gemüse, Wohnraum und Medizin,
Fragen der Schulbildung und der Schulleitungen,
die Städtepartnerschaften mit Delft und Darmstadt,
dann die Bundestags-, Landtags-, Kreistags- und Kommunalwahlen,
die Berufung eines amtierenden Bürgermeisters und Gespräche über die Aufgaben der Volkpolizei,
die Entwaffnung der Kampfgruppen …

Es waren arbeitsreiche, spannende und oft auch sorgenvolle Monate mit einer Verantwortung, derer wir uns manchmal erst hinterher bewusst wurden.

B. Laienspieler ohne Programm

Ich bin oft gefragt worden: „Hattet ihr ein Programm?", und: „Welches Ziel habt ihr verfolgt?" Ich bekenne: Wir hatten kein Programm und haben in der Regel nur reagiert, reagiert auf Notwendigkeiten, auf Möglichkeiten, auf Hilferufe.

Für mich war eine Geschichte, die Jesus erzählte, beispielgebend: Da ließ sich einer durch einen Notfall von seinem eigentlichen Weg ablenken und wurde auf Abwegen zum Nächsten für den, der dringend Hilfe brauchte. Dann, als er das Wichtigste in dieser Situation getan hatte, übergab er die Aufgabe einem, der sich damit besser auskannte, und er ging weiter seinen Weg. Später erzählte Lukas im 10. Kapitel diese Geschichte weiter.

Mehr ist, denke ich, nicht über die Frage nach unserer Legitimation und unserem Programm zu sagen.

Weder die einzelnen protestierenden Bürger noch die meisten Oppositionsbewegungen hatten ein Programm im eigentlichen Sinn. „Man" war davon ausgegangen, dass sich der Sozialismus reformieren ließe.

Im Gründungsaufruf von „Demokratie jetzt" hieß es: „Der Sozialismus muss nun seine eigentliche, demokratische Gestalt finden ... Er darf nicht verloren gehen." Nach der Gründungsversammlung wollte man erst im Januar oder Februar 1990 wieder zusammenkommen. Bis dahin war das Entscheidende gelaufen.

Das Neue Forum stellte den „Dialog" in das Zentrum seiner Forderungen.

Nicht diese oppositionellen Gruppen, sondern die protestierende Menge war die entscheidende Bewegung. Sie hatte sich erst durch die wirtschaftliche und politische Situation als Volk konstituiert, und sie hatte nur Träume.

Am 4. November 1989 fand auf dem Obermarkt die erste Großversammlung statt, anschließend der Demonstrationszug durch die Stadt. „Keine Gewalt", die Losung in allen Städten, war auch unsere Losung.

Vier Häuser sah ich in besonderer Gefahr, dass sie Opfer des Zornes werden könnten: das Rathaus, die SED-Kreisleitung, das Volkspolizei-Kreisamt (VPKA) und das „Haus am See" (die Kreisdienststelle der Staatssicherheit).

Nicht immer waren alle zur Gewaltlosigkeit bereit. Am 30. November versuchten einige, das Gitter von der Staatssicherheit zu überklettern. Ich stelle mich davor und rief: „Nur über mich!" Am anderen Tag erzählte man sich in Freiberg: „Der Sup hat die Stasi beschützt."

Es kämpften eben nicht Engel gegen Teufel, sondern Menschen standen auf gegen Menschen.

Vorher, am 9. November, kam die überraschende Öffnung der Mauer in Berlin, für mich eines der Wunder Gottes. Ich weiß: Viele Menschen haben dazu beigetragen. Und ich will meinen Respekt vor ihnen und meine Dankbarkeit ihnen gegenüber überhaupt nicht schmälern. Aber zu dem Mut der vielen kam doch viel Unerklärliches und auch Tagespolitik, ausgehend von Helsinki bis zu Gorbatschow. Das alles konnte keiner organisieren. Es waren wie Mosaiksteinchen, die zu einem Ganzen zusammengefügt wurden.

Konkrete Forderungen standen im Mittelpunkt einer Großkundgebung in Freiberg am 19. November:

> die Gleichberechtigung aller Bürger,
> die Freiheit der Meinungen und Gegenmeinungen,
> die Freiheit des Denkens und der Urteilsbildung, auch an Schulen und Universitäten,
> die Freiheit der Versammlung und Parteiengründungen,
> die Freiheit der Meinungsveröffentlichung ohne Zensur,
> die Freiheit von Bespitzelung und Einschüchterung,
> die Auflösung aller Machtapparate, die keiner parlamentarischen Kontrolle unterstehen,
> und schließlich freie und geheime Wahlen.

Ich rief aber auch die Bürger dazu auf, endlich persönlich die vorhandene Freiheit und die eigene Verantwortung wahrzunehmen, etwa im Blick auf Mitgliedschaft in Organisationen und Parteien für sich selbst und für ihre Kinder. „Nicht die Haltung von Unterdrückten und Ergebenen, sondern allein die Haltung der Freien führt zur Freiheit."

Am 11. Januar 1990, wenige Wochen vor der ersten freien Wahl, sagte ich auf dem Freiberger Obermarkt:

„Echtes Umdenken braucht Zeit. Diese Zeit braucht auch die SED/PDS, ehe sie an neue Regierungsverantwortung denken kann. So schnell und selbstverständlich, wie man uns hier ‚Wende' vorgaukelt, kann keiner einen wirklich neuen Anfang vollziehen."

Ich denke, auch heute ist die PDS noch nicht zur Übernahme von Regierungsverantwortung fähig. Auch ein neuer Name ändert nichts daran.

Ein Schlussstrich unter die geschichtliche und gerichtliche Aufarbeitung der DDR-Geschichte ist noch lange nicht möglich. Es hat bitteres menschenverachtendes Unrecht gegeben. Und die Frage ist noch nicht endgültig vom Tisch: Wie geht man mit dieser Vergangenheit um, damit Gerechtigkeit herrscht?

Die Motive des Handelns waren sehr unterschiedlich, ebenfalls die Reaktionen nach dem Ende der DDR: Schuldbekenntnisse und echtes Erschrecken über sich selbst, leeres Wortgeklingel und verhöhnende Worte wie „Sie haben's doch alle so gemacht" waren zu hören.

Ich denke, wir müssen noch lange und viel und offen miteinander reden, auch wenn die Aufarbeitung hier und da wehtut.

OV oder IM – die Stasi in der Kirche

Es muss ein regnerischer Abend im Herbst 1960 gewesen sein, denn ich wartete auf meine Freundin (ein Jahr später war sie meine Frau) am vereinbarten Treffpunkt: Wartehäuschen Bushaltestelle am Bayrischen Bahnhof / Arthur-Hoffmann-Straße, d. h. wegen des Regens „im" … Davor standen mit Regenschirm zwei junge Männer. Dann kam ein dritter dazu, fragte, was sie denn vorhätten, und auf die Gegenfrage der beiden kam die Antwort: „Ich muss zur Paul-Gruner-Straße, Kirche abhören, dauert immer ziemlich lange …"

Dorthin wollten wir auch. In der Paul-Gruner-Straße traf sich die Leipziger Studentengemeinde zur „Bibelstunde": an jedem Donnerstag 80 bis 120 Studenten. Die thematischen Abende waren in den „Kleinkreisen", am beliebtesten bei den Studenten und den „dienstlich Anwesenden" der „sozialethische".

Jedenfalls war am Wartehäuschen der Bushaltestelle an diesem Abend meine erste bewusste Begegnung mit der Staatssicherheit. Wie ich 40 Jahre später aus den Akten herausfand, war ich zu dieser Zeit bereits von der „zur beobachtenden Person" zum „operativen Vorgang" gemacht worden. Später folgte die „Erfassung im operativen Vorbeugungsprozess", d. h. die Vorsehung für ein Straflager am Tag X.

Gewusst haben wir alle, dass „VEB Horch und Guck" uns ständig begleitete. Gesprochen haben wir manchmal davon. Gelebt haben wir nur selten mit diesem Wissen. Wer will schon sein Leben als Unterdrückter bzw. als Unperson gestalten.

Das hatten wir von Dietrich Bonhoeffer gelernt, dass man auch eingeschlossen in Gefängnismauern frei bzw. als Wächter vor der Zelle ein Gefangener sein kann.

Als zweite Begegnung mit der Stasi ist mir ein Student aus meiner Studentengemeinde in Glauchau im Gedächtnis geblieben. Wir alle wussten, dass er nicht getauft und daher auch nicht Glied der Kirche ist, aber solche hatten wir (gern) in allen unseren Gemeindegruppen, auch weil sie ein gutes Zeugnis für unsere Arbeit waren.

Zu Beginn eines Abends bat er mich um ein Gespräch – anschließend und allein. Dafür war das Auto, der P 70, der beste Ort: abhörsicher und kommunikativ. Er hatte also über jeden

Abend berichtet, nun aber wollte er nicht mehr. Die Abende seien interessant und die Gruppe prima, sagte er. Aber was kann man tun? Das Studium wollte er auch nicht aufgeben.

In der Kirche hatten wir ein „Rezept", das meines Wissens immer funktionierte: Der IM nutzt seine verfassungsmäßig garantierte „Glaubens- und Gewissensfreiheit" und gibt vor seinem Führungsoffizier an, mit seinem Seelsorger geredet zu haben. Dieser Seelsorger musste zwar schweigen, aber der IM wurde fallen gelassen „wie eine heiße Kartoffel". Mein Student ist bis zum Ende der Studienzeit in der Gemeinde geblieben, dann haben sich unsere Wege getrennt.

In der Leipziger Zeit gab es eine Art Spiel. Da in jedem Gottesdienst drei Konfirmanden „Dienst" – eigentlich mit sehr konkret festgelegten Aufgaben – hatten, gingen sie mit ihren Blicken kurz vor Beginn des Gottesdienstes die Bankreihen durch. Dann kamen sie zu mir in die Sakristei mit der Meldung: „Dritte Bank Kanzelseite", o. ä. Das genügte. Einmal kam zu ihrem Spionageerfolg dazu: „Heute mit Mikro."

Zu erkennen waren die „Diensthabenden" nicht schwer: Sie kamen relativ zeitig, saßen in den ersten Bankreihen, wo keine Gemeindeglieder sitzen, hatten kein Gesangbuch (weil sie nicht wussten, wo sie liegen) und kannten die Gottesdienstordnung nicht. Wenn die Gemeinde aufstand, blieben sie zunächst sitzen …

Mich haben solche Besuche nicht sonderlich gestört. Ich hatte stets eine wörtlich ausgearbeitete Predigt, an besonderen Tagen (am 7. Oktober, zur Volkskammerwahl …) lief ein kleines Diktiergerät mit, und ich habe bis heute den Rat von Bischof Hempel im Ohr, auf der Kanzel verantwortlich zu reden. Ich war und bin bereit, für meine Predigt geradezustehen.

Ausgesprochen ärgerlich fand ich dagegen, wenn Informelle Mitarbeiter in kirchliche Jugendgruppen eingeschleust wurden.

Das geschah mehrfach in Großhartmannsdorf (Kirchenbezirk Freiberg).

Man kannte sich dort und hatte einen IM schnell enttarnt. Der Pfarrer gab mir Bescheid, bewusst auch telefonisch (die Mithörer sollten erfahren, dass wir Bescheid wissen), und ich sprach die Vorfälle mehrfach beim Rat des Kreises an.

Als wir den Eindruck hatten, die Stasi gibt nicht auf, wendete ich meine für solche Fälle schärfste „Waffe" an und sagte: „Den nächsten Fall bringe ich auf die Domkanzel." Dann war in der Regel Ruhe.

Nach der „Wende" lag meine OV-Akte vor. Die ersten Aufzeichnungen stammen aus meiner Lehrzeit, bei jedem Stellenwechsel wurde später eine Übergabeakte angefertigt.

In Leipzig war ich OV „Schlamm", in Freiberg wurde ich OV „Turm". Ziel der Überwachung:

> „Aufklärung und Kontrolle seiner Person, seiner Ziele, Pläne, Absichten sowie seiner Einstellung zum Arbeiter- und Bauernstaat und seiner Verbindungen und deren Charakter auf Grund seiner Tätigkeit als Pfarrer (bzw. Studentenpfarrer, Superintendent) und Herausstellen seiner feindlich-negativen Haltung."

In den letzten Jahren hatte ich persönlich 13 ständige Begleiter, jeder hatte seinen Spezialauftrag.

Vor dem Blick in die Akten kamen die Fragen, die uns noch nie so bedrängt hatten: Wer waren die Mitarbeiter des MfS? Verwandte, Mitarbeiter in der Gemeinde, Freunde? Wie gehen wir mit dem erworbenen Wissen um? Soll man jeden darauf ansprechen? Ich habe das getan. Alle – bis auf einen – haben zuerst geleugnet, manche hartnäckig bis zum Schluss.

Früher war ich davon ausgegangen, dass die IM mir fremde

Personen sein mussten, die unbeteiligt Berichte anfertigen. Nach unserer Einschätzung kam keiner aus dem Bekanntenkreis in Frage. Dann aber lasen wir Berichte mit anderen Erfahrungen. Wir wollten jedoch nicht, dass falsche Verdächtigungen entstehen.

Die Sprache der Akten ist erschreckend. Während die Decknamen der IM Literat, Urban, Reinhold und ähnlich lauteten, wurden die OV mit Ratte, Schlamm, Glocke, Reaktor, Sumpf u. Ä. betitelt.

Tatsächlich hatten wir keinen der mich begleitenden IM in den Reihen der Staatssicherheit vermutet. Da gab es den, der sich für wichtig hielt, und den, der an dem Geschäft verdiente (zum Teil beträchtlich), und den unschuldig erpressten Familienvater, der eigentlich zu uns gehörte, aber um die Zukunft der noch kleinen Kinder bangte.

Einer war Pfarrer im Kirchenbezirk, der im Auftrag des MfS Theologie studiert und über Jahrzehnte als Pfarrer gearbeitet hatte, ein anderer war Uhrmacher, mit dem ich einen Pflegevertrag für die 40 Kirchturmuhren meines Kirchenbezirkes vereinbart und ihm damit Zutritt zu den Pfarrhäusern verschafft hatte … Zugetraut hatten wir es anderen.

Darum ist wichtig, einen Blick in die eigenen Akten zu werfen!

Ein Blick in meine OV-Akte

A. Kreisdienststelle Hohenstein-Ernstthal und Glauchau im Bezirk Karl-Marx-Stadt

„Bezirksverwaltung für Staatssicherheit Karl-Marx-Stadt
Kreisdienststelle Glauchau

Stei/Kt 11.4.1968
An Bezirksverwaltung der Staatssicherheit Karl-Marx-Stadt
Kreisdienststelle Hohenstein-Ernstthal
Karl-Marx-Stadt

Ermittlungsersuchen
Sie werden gebeten, über den
Schlemmer, Wilhelm …
allseitige konspirative Ermittlungen zu führen. Um baldige Erledigung wird ersucht.
Leiter der Kreisdienststelle gez. Uhlig, Hauptmann“

„Bezirksverwaltung für Staatssicherheit Karl-Marx-Stadt
Kreisdienststelle Hohenstein-Ernstthal
Ti/Vo 30.4.1968
An Bezirksverwaltung für Staatssicherheit Karl-Marx-Stadt
Kreisdienststelle Glauchau
Karl-Marx-Stadt

E r m i t t l u n g
Der Schlemmer entstammt einer Intelligenzfamilie. Sein Vater ist Ingenieur. Seine Mutter ist Hausfrau …
In einem Schreiben, was er am 24.7.1962 an das WKK (Hinweis W.S.: Wehrkreiskommando) Hohenstein-Ernstthal richtete, um vom Wehrdienst freigestellt zu werden, betont Sch., dass er aus Glaubensgründen nicht bereit ist aktiven Wehrdienst zu leisten.

In seinen Diskussionen bringt er gegenüber unserem Staat eine ablehnende Haltung zum Ausdruck. Dies geht auch aus der Tatsache hervor, daß er, sowie seine Ehefrau 1963 und 1967 nicht an den Volkswahlen teilnahmen. Am Volksentscheid über die neue Verfassung nahm Sch. teil. In Diskussionen äußerte er dazu, daß, wenn alle seine Anhänger die Stimmkabine aufgesucht hätten, in Lobsdorf ca. 75% gegen die neue Verfassung gestimmt hätten …

Er hat in Lobsdorf eine große Anhängerschaft und ist unter den Kirchgängern beliebt. Die Sympatie erwarb er sich dadurch, daß er über Adressanten in Westdeutschland den alten Bürgern von Lobsdorf Pakete anlässlich der kirchlichen Festtage zukommen lässt. Unter der Jugend hat sich Sch. ebenfalls eine gute Basis geschaffen, was in der Beteiligung an der Konfirmation zum Ausdruck kommt.

Sch. wird in seiner Politik aktiv von den Mitgliedern des Kirchenvorstandes unterstützt … Sch. ist ständig bemüht, seinen Anhängerkreis zu vergrößern und bemühte sich im vergangenen Jahr, unter den Studenten der Bauingenieurschule Glauchau, eine evangelische Studentengemeinde zu bilden. Zu diesem Zweck ließ er Flugzettel verteilen, in denen er die Studenten aufforderte, sich der Kirche zuzuwenden und der ESG anzuschließen …

Schlemmer besitzt aktive Verbindungen nach Westdeutschland und weilte 1957 14 Tage in Hamburg und 1953 8 Tage in Bar Harsfeld. Hier besuchte er in seinem Urlaub einen Onkel. Besuche aus Westdeutschland wurden noch nicht empfangen."

„… Von den Befragten wird Schlemmer als ein Scharfmacher unter den Pfarrern bezeichnet."

Anlage: Abschrift „ungenehmigter Handzettel".

Die Akten aus der Kreisdienststelle Leipzig sind angeblich vernichtet.

B. A-Maßnahmen der Abt. 26 in Freiberg im Bezirk Karl-Marx-Stadt

(Maßnahmen zur Telefonüberwachung)

Freiberg, 9. Januar 1984
Stb/31 „Turm" 7/84

„Am … gegen 19.35 Uhr kam es zu einer Unterhaltung zwischen einer Ursel aus Göttingen (BRD) und dem Schlemmer. Die Ursel teilte dem Schlemmer mit, daß …

Anschließend sprach kurz ein Martin (verm. Sohn von der Ursel) mit dem Schlemmer und lud ihn zu seiner Konfirmation ein. Der Schlemmer bedankte sich und erklärte, daß er alles tun werde, um zu kommen.

Dann schaltete sich ein Horst ein und sprach mit dem Schlemmer über …

Dann führte der Horst das Gespräch mit der Frau Schlemmer weiter. Die kam auf ihre Tochter zu sprechen, die eventuell im Herbst dieses Jahres am Pristerseminar in Leipzig ein Studium aufnehmen wird …

Der Schlemmer beendete das Gespräch mit der Bemerkung: Horst, laß uns Schluß machen, es kostet zu viel Tonband …"

C. Kreisdienststelle Freiberg im Bezirk Karl-Marx-Stadt

„KD Freiberg
16.03.1983

Eröffnungsbericht zur OPK „Schlamm" (Hinweis W.S.: handschriftlich korrigiert in „Turm")
Personalien: …

1. Charakteristik der Person: Schlemmer besuchte die Grundschule … Charakterlich wird Schlemmer als ein stets besonnener, überlegt und sachlich auftretender Mensch eingeschätzt. Er verfügt

über ein entsprechendes Einfühlungsvermögen, kann sich Situationen schnell anpassen und hat ausgesprochen gute retorische Fähigkeiten. Vermutlich ist auch sein Beobachtungs- und Einschätzungsvermögen recht gut entwickelt … Schlemmer besitzt eine große Ausstrahlungskraft und hat Durchsetzungsvermögen. Auf Grund seiner charakterlichen Merkmale hat er derzeitig in der Ephorie Freiberg ein hohes Ansehen und besitzt Autorität …

2. Pol.-operative Einschätzung des Ausgangsmaterials:
Aus den vorhandenen Unterlagen über die Entwicklung des Schlemmer geht hervor, daß er zu unserer sozialistischen Entwicklung stets eine ablehnende Position bezog. Er lehnte in der Vergangenheit die Teilnahme an Wahlen ab (…) trat gegen die Einführung des Wehrkundeunterrichtes an den POS (Hinweis W.S.: Polytechnische Oberschule) auf und hatte eine solche Auffassung, die Bürger der DDR leben nach einem Dogma. Besonders engagierte er sich in der Vergangenheit im Bereich der Kinder- und Jugendarbeit der ev. Kirche. 1967 mußte gegen ihn ein Ordnungsstrafverfahren eingeleitet werden … Sein früherer Tätigkeitsbereich, die St. Michaeliskirche in Leipzig, war und ist ein Zentrum der kirchlichen Jugendarbeit in Leipzig.

… Er ist zu Gesprächen mit Vertretern der Staatsorgane bereit … Inoffiziell ist dazu bekannt, dass er über diesem Weg gewährleisten will, daß der Aktionsrahmen für kirchliche Aktivitäten nicht eingeschränkt wird, sondern voll ausgeschöpft werden kann …

3. Zielstellung der Bearbeitung:
Durch die operative Bearbeitung soll die Person Schlemmer, seine Ziele, Pläne und Absichten weiter aufgeklärt werden … Dabei wird davon ausgegangen, daß Schlemmer der führende Kopf der ev. Kirchenkreise in Freiberg ist und alle wesentlichen Aktivitäten dieser Kreise von ihm ausgehen bzw. bei ihm zusammenlaufen."

„Maßnahmeplan zur operativen Bearbeitung der OPK „Turm“

… Folgende Maßnahmen sind zu realisieren:

1. Einsatz von IM/GMS

1.1. Aufgabenstellung für den IMB „Urban“

Dieser IM hat auf Grund seiner kirchlichen Funktionen persönlichen Kontakt zu Schlemmer und er wird teilweise von diesem zu Beratungen und Besprechungen mit herangezogen … Von ihm sind Informationen zu erarbeiten über

- Die Person Schlemmer, seine charakterlichen Eigenschaften, Interessen und Neigungen, persönliche Schwächen, seine Familienverhältnisse und insbesondere seine politischen Haltungen und Positionen bei internen Gesprächen
- Die Ziele, Pläne und Absichten …, welche Orientierungen gibt er den unterstellten Pfarrern und Kirchenfunktionären …
- Die Herausarbeitung von Widersprüchen zwischen seinem offiziellen Auftreten und seinem Verhalten und Auftreten im internen Bereich, d. h. was strebt Schlemmer tatsächlich an.

… Für den IM ist dazu bis zum 15.4.83 ein schriftlicher Auftrag zu erarbeiten.

VA: Major Steiner, Oltn. Richter

1.2. Aufgabenstellungen für den IMB „Reinhold“

… Der IM erhält die Aufgabe im Dom vor allem solche Gottesdienste und Veranstaltungen zu besuchen, die von Schlemmer geleitet oder gestaltet werden …

Der IM hat die Aufgabe, durch eine systematische Steigerung seiner kirchlichen Aktivitäten sich weiter in das Blickfeld von führenden kirchlichen Mitarbeitern zu bringen und deren Vertrauen zu erringen …

2. Weitere op. und op.-techn. Maßnahmen
2.1. Einleitung der M- und PZF-Kontrolle
Über den Sch. und seine Familienangehörigen ist eine M- und PZF-Kontrolle (Hinweis W.S.: Postüberwachung) einzuleiten ...

2.2. Einleitung von Maßnahmen der Abt.26
Periodisch sind bei Sch. A-Maßnahmen der Abt. 26 (Hinweis W.S.: Telefonüberwachung) einzuleiten ...

2.3. Informationen zum Reiseverkehr ...
2.4. Erarbeitung einer Einschätzung über die Kinder des Sch. ...

3. Die Bearbeitung der OPK hat in enger Zusammenarbeit mit der Abt. XX/4 der BV Karl-Marx-Stadt zu erfolgen. Dabei ist zu prüfen, inwieweit zur Aufklärung und Bearbeitung der OPK der IM „Literat" mit eingesetzt werden kann. Offensive Maßnahmen, die erforderlich sein können, werden erst nach der entsprechenden Genehmigung – auf der Grundlage der DA 6/82 – realisiert.
Bestätigt: Leiter der KD
erarbeitet:
Schliwa, Oberstleutnant
Steiner, Major"

„Kreisdienststelle Freiberg

9.5.1984
1294 / 1297

Zusammenfassende Information über Aktivitäten reaktionärer Kirchenkreise zu Problemen des Umweltschutzes

Durch reaktionäre Kirchenkreise von Freiberg werden seit Anfang des Jahres 1984 verstärkt feindlich-negative Aktivitäten entwickelt, die sich besonders gegen Grundfragen der Sozialpolitik von Partei und Regierung richten.

… Bei Veranstaltungen und Zusammenkünften versucht man offen oder getarnt nachzuweisen, daß die Umweltbelastungen im Kreis Freiberg schädliche Folgen für das Leben und die Gesundheit der Bürger haben könnten und von den staatlichen Organen und Einrichtungen die Festlegung zur Einschränkung und zum Abbau der Umweltbelastungen nicht eingehalten bzw. realisiert werden …

Ausgehend von diesen Feststellungen werden die Bürger offen oder versteckt aufgefordert, durch das verstärkte Schreiben von Eingaben an staatliche Organe ihrer „persönlichen Verantwortung als Christen" gerecht zu werden und gegen diese Umweltbelastungen offen zu protestieren.

Auf der Grundlage der bisher dazu erarbeiteten Informationen ist einzuschätzen, daß Superintendent Schlemmer der Hauptinitiator dieser feindlich-negativen Aktivitäten unter den Kirchenkreisen ist. Bereits im Oktober 1983 unternahm er Anstrengungen in den Kirchgemeinden von Freiberg, einen arbeitsfähigen Umweltkreis zu bilden. Dieser Umweltkreis ist im Januar 1984 zusammengestellt worden …

Verstärkte öffentlichkeitswirksame Aktivitäten werden durch Superintendent Schlemmer in Vorbereitung der Volkswahlen entwickelt. Vom Ratsvorsitzenden des Kreises Freiberg wurde in Vorbereitung der Volkswahlen am 24. 4. 1984 ein Pfarrergespräch durchgeführt … Entgegen den Festlegungen und Orientierungen orientiere Superintendent Schlemmer von sich aus die Pfarrer darauf, daß dieses Gespräch ein Umweltgespräch sei. Durch ihn wurde veranlasst, daß in Vorbereitung des Gespräches von Mitgliedern des Umweltkreises ein Fragekomplex zu Umweltproblemen erarbeitet wurde, den man den Staatsorganen zustellte und der bei dem Pfarrergespräch beantwortet werden sollte. Damit versuchte er zielstrebig diesem Gespräch den von ihm angestrebten Charakter zu verleihen …

Superintendent Schlemmer sowie weitere führende Kirchenkreise nahmen in Vorbereitung der Volkswahlen an Einwohnerversammlungen teil. Bei den Diskussionen wurde von ihnen durch gezielte Fragen zu Umweltproblemen versucht, den Aussprachen die von ihnen angestrebte Linie zu geben, was ihnen teilweise gelungen ist …

Leiter der Kreisdienststelle
Schliwa, Oberstleutnant
Anlagen: Vorbereitete Fragen des Sup. Schlemmer
Aus das Pfarrergespräch am 24.4.1984
Bericht zum Pfarrergespräch des Vors. des R.d.K. Freiberg"

„KD Freiberg

15.1.1986

Sachstandsbericht zur OPK „Turm" – Reg.-Nr. XIV 745/83

1. Zusammenfassende Einschätzung der bisher erarbeiteten Fakten und Tatsachen

Auf Grund der eingeleiteten Kontrollmaßnahmen kann eingeschätzt werden, daß es keine Veränderungen in den Grundpositionen des Sup. Schlemmer gibt …

Zu den im letzten Sachstandsbericht genannten Problem, daß entsprechend einer Information des IMB „Urban", Sch. als möglicher Bischofskandidat benannt werden soll ist anzuführen, daß es dazu keine konkreten neuen Aussagen gibt.

Die Bestrebungen des Sup. Sch., einen sachlichen Kontakt zu den Staatsorganen des Kreises zu unterhalten, setzten sich bei ihm auch im Jahr 1985 fort … Bei diesen Gesprächen ist Sch. bereit sich zu aktuell politischen Fragen zu äußern, geht dabei aber immer von der Position der Landeskirchenleitung aus oder beruft sich auf direkte Aussagen des Bischofs.

Seine Bestrebungen, durch die Nutzung dieser Kontakte bestimmte Vorteile zur Bewältigung von innerkirchlichen Fragen und Problemen zu erhalten, sind dabei weiterhin erkennbar (z.B. Klärung von Wohnungsproblemen, Beschaffung von Baumaterialien bzw. Erhaltung von Baubilanzen, Unterstützung von Bürgern bei persönlichen Problemen – Reiseverkehr usw.) …

Bei Gesprächen und Diskussionen internen Charakters bzw. im kleinen Kreis wird die tatsächliche politisch ideologische Grundhaltung des Sch. deutlich, die weiterhin als feindlich negativ eingeschätzt werden kann. Von ihm wird beispielsweise die Richtigkeit unserer Partei- und Staatspolitik in einigen Fragen angezweifelt bzw. kritisiert. Durch das Schreiben von Eingaben bzw. die Gewährleistung von Unterstützungen von Personen in dieser Frage (z. B. …), versucht er im feindlich negativen Sinne unterschwellig wirksam zu werden. Bewußt geduldet werden von ihm Handlungen, die ein „Unterlaufen" der VVO (Hinweis W. S.: Veranstaltungsverordnung) darstellen (Auftreten von NSW-Bürgern bei Veranstaltungen/Zusammenkünften).

Andererseits zeichnet sich bei ihm die Tendenz ab, daß er bestimmt geplante Veranstaltungen den staatlichen Vertretern mitteilt um sie so zu legalisieren und abzusichern (z. B. Waldeinsatz) …

Im Jahr 1985 wurde von Sch. die Tätigkeit des sogenannten „ephoralen Umweltkreises" weiterhin aktiv unterstützt und gefördert. Bei den Zusammenkünften, an denen er fast regelmäßig teil nimmt, übt er maßgeblichen Einfluß auf die Tätigkeit dieses Umweltkreises aus. Besondere Initiativen entwickelte er in Vorbereitung der „Woche der Schöpfung" zur Durchführung eines Waldeinsatzes, der durch die Einleitung staatlicher Maßnahmen als direkte „Umweltaktion" der Kirche unterbunden werden konnte.

Durch die eingeleiteten Kontrollmaßnahmen ist bekannt, daß die Partnerschaftsbeziehungen nach Hannover-Peine/BRD sowie nach Armershfoort/Niederlanden weiterhin bestehen. Der Umfang der Einreisen hat sich im Verhältnis zu 1984 etwas reduziert. Trotzdem, existieren noch aktive Verbindungen zu diesen Partnergemeinden.

2. Verbindungen
Bezüglich des Verbindungskreises gibt es bei Sup. Sch., ausgehend vom Sachstandsbericht 1985, keine Veränderungen. Sch. unterhält weiterhin aktive Verbindungen zum bereits bekannten Verbindungskreis in der BRD, die hauptsächlich verwandtschaftlichen Charakter tragen bzw. im Zusammenhang mit den Partnerschaftsbeziehungen von ihm aufrecht erhalten werden …

3. Einsatz operativer Kräfte und Mittel
Zur operativen Kontrolle des Sch. kam im Rahmen seines Wirkens im „ephoralen Umweltkreis" der IMS „Dietrich" zum Einsatz. Der IMB „Reinhold" wurde eingesetzt zur inoffiziellen Absicherung der Gottesdienste des Sch. Außerdem hatte der IM die Aufgabe, die Wirksamkeit des Sch. im Rahmen der kirchlichen Jugendarbeit festzustellen. Der OibE hatte die Aufgabe, ausgehend von seinen staatlichen funktionellen Pflichten, einen ständigen offiziellen Kontakt zu Sch. zu gewährleisten und die Ziele der staatlichen Kirchenpolitik gegenüber dem Sch. abgestimmt und offensiv durchzusetzen … Fortgesetzt wurden die Maßnahmen der M/PZF-Kontrolle und der weiteren Speicherüberprüfungen zu den festgestellten Verbindungen. Die A-Maßnahme der Abt.26 wurde auf Grund der Festlegungen des Ltr. der BV nicht realisiert.

4. Weitere Maßnahmen
Die OPK ist, entsprechend der Festlegungen im Jahresplan des Ltr. der KD, fortzusetzen. Dazu sind die im Jahresplan des Ltr. der KD festgelegten Ziele und Aufgaben für das Jahr 1986 entsprechend zu realisieren.

bestätigt: Leiter der KD
erarbeitet:
Schliwa Oberstleutnant
gez. Steiner Major"

Kreisdienststelle Freiberg Bezirk Dresden
„Bestandsaufnahme
Erfassungs-Nr. 10219
Schlemmer, Wilhelm: öffentl. Auftreten, Ausarbeiten, Verbreiten v. Eingaben
Angr. gegen Friedenspolitik, Landesvert.,
Angr. gegen Umweltpolitik, Volkswirtschaft, soz. Staatsordnung
Wehrdienstverw. mit Waffe
Anst./Ber./Insp. Öffentlichkeitsw."

„Parteiinformation AKG vom 20.11.1986
In der ev.-luth. Domgemeinde Freiberg wurde im Zusammenhang mit der „Friedensdekade 1986" ein „Ökumenischer Elternabend" unter Leitung des Sch. am 13.11.1986 durchgeführt. Als Hauptredner trat der Dresdner Pfarrer ... auf. Im Verlaufe seiner Ausführungen brachte ... Angriffe gegen die soz. Wehrerziehung vor und propagierte den Dienst als Bausoldat in der NVA. An der Veranstaltung nahmen ca. 60-70 Personen teil."

„FS Abt. XX/4 an HA XX vom 7.12.1987:
Am 24.11.1987 fand in der Wohnung des Sup. Schlemmer in dessen Anwesenheit eine Sitzung des Bezirkskirchenausschusses des Ev.-Luth. Kirchenbezirkes Freiberg statt An dieser Beratung nahmen 11 Personen teil, darunter ...

... informierte die Anwesenden über den Inhalt einer Eingabe des Bezirkskirchenausschusses ... an den Vorsitzenden des Ministerrates der DDR, Willi Stoph, in der unter Bezugnahme auf die ‚Berlin-Initiative' die Schaffung einer ‚Freiberger- Initiative' angeregt und Probleme der Umweltsituation in Freiberg und Umgebung angesprochen werden. Daraus ableitend schlagen die Verfasser ein Sofort- und Langzeitprogramm vor, das folgende Forderungen an die Regierung der DDR zum Inhalt hat:

- Bereitstellung von Mitteln für den Bau oder Import

hochwirksamer Abgasreinigungsanlagen für SO_2, Arsen, Flußsäure, Schwermetalle und andere Schadstoffe,

- Ersatz veralteter Produktionsanlagen im Berg- und Hüttenkombinat durch hochproduktive und umweltfreundliche Ausrüstungen,
- Zentralisierung der Wärmeversorgung für ganz Freiberg,
- Bereitstellung von Koks für Kleinfeueranlagen,
- Organisation einer qualitativ hochwertigen und ausreichenden Versorgung mit Obst und Gemüse und andere Nahrungsmittel aus gering belasteten Gebieten,
- verstärkte Vermittlung von Kur- und Erholungsplätzen für Kinder, Frauen und Männer.

In der Eingabe kommt der Standpunkt zum Ausdruck, daß Freiberg ‚kein Überlebensraum, sondern ein Lebensraum' werden müsse, und es wird darauf verwiesen, daß hinter den Unterzeichnern 39 000 Christen aus 40 Kirchgemeinden des Kirchenbezirkes Freiberg stehen und für eine Verbesserung der Umweltsituation wirksam werden.

Dem Inhalt dieser Eingabe wurde durch die Mitglieder des Bezirkskirchenausschusses einstimmig zugestimmt und sie wurde im Namen der Anwesenden durch die Personen Schlemmer, ..., ... und ... unterzeichnet. Im Verlaufe der Diskussion zum Inhalt des Schreibens wurde davon gesprochen, Kopien an alle Kirchenvorstände des ev.-luth. Kirchenbezirkes Freiberg zur Auswertung zu übergeben. Darüber hinaus wurde in Erwägung gezogen, eine Kopie der Eingabe an den Vorsitzenden des Rates des Kreises Freiberg auszuhändigen, um ‚... diesem nicht in den Rücken zu fallen'. Zwischenzeitlich übergab Sup. Schlemmer eine Abschrift des Schreibens an den Vorsitzenden des Rates des Kreises Freiberg.

Inf. Über Aktivitäten des Schlemmer siehe Bestandsaufnahme PUT, Abt. XX/AI, 9.2.1988 – ZPDB"

(Ich muss darauf hinweisen, dass nicht wenige Aussagen in den Unterlagen frei erfunden sind und nicht der Wirklichkeit entsprechen. Alle Sach-, Schreib- und Interpunktionsfehler sind original und wurden nicht korrigiert! Namen wurden in der Regel durch die Bundesbehörde geschwärzt.)

Brief aus Dresden im August 1992 oder Hinter der Maske

Nicht amtlich, aber von einer Amtsperson kam die Nachricht: Unser Computer hat eine Liste von IM „ausgespuckt“, einer unter den Genannten ist G. H.

Ich dachte: Das kann nicht sein. G. H. ist Pfarrer im Kirchenbezirk, bei allen Kollegen als ein Regimegegner bekannt und durch mündliche wie schriftliche Äußerungen ein dauernder Anstoß im Staatsapparat gewesen.

Seinetwegen wurde ich wiederholt „zur Klärung eines Sachverhaltes“ zum Rat des Kreises zitiert. „Herr Superintendent, stellen Sie mal durch, dass …“ Meine zur Formel gewordene Antwort: „Bei uns wird nicht durchgestellt, wir sprechen miteinander.“

Und nun: IM, dazu Datum der Verpflichtung als Student der Karl-Marx-Universität Leipzig vor über 30 Jahren, Deckname „Literat“, aktiv bis 1989, dann der Name des Führungsoffiziers und im weiteren Verlauf des Schreibens die Bemerkung: Die Informationen sind verlässlich.

Zunächst folgte der übliche Weg: Gespräch mit dem Bischof, Gespräch mit G. H. („Alles Lüge, Sie kennen mich doch …“). Eine Akteneinsicht bei der Gauck-Behörde lehnte er ab: „Ich habe kein Interesse daran, nur Sie!“

Also Antrag auf Akteneinsicht in die eigene OV-Akte beantragen, dort müsste er mit einiger Sicherheit erscheinen. Eile war geboten, denn wenn der Vorwurf sich erhärtete, war er als Gemeindepfarrer nicht mehr tragbar.

Es vergingen ausnahmsweise nur wenige Wochen, bis die Akten vorlagen. Die Fundstücke waren erdrückend: handschriftliche Berichte und Diktate, Geldquittungen, interne Beschreibungen der konspirativen Treffen und des Treffpunktes im Pfarrhaus, wirksames Ausschalten von Störungen durch ein Schild an der Tür des Amtszimmers: „Bitte nicht stören, seelsorgerliches Gespräch“. Das Schild war uns allen bekannt, was sich dahinter verbarg, ahnte niemand.

Bevor die Kirchenleitung entsprechende Maßnahmen ergriff, folgten Beurlaubung und Informationen über eine vermutete Zusammenarbeit des Gemeindepfarrers mit dem MfS an die Kirchenvorsteher und Mitarbeiter, zuletzt im Gottesdienst an die Gemeinde.

G. H. sprach weiter von „bösartigen Lügen und Verleumdungen“, und er blieb nicht untätig. Unmittelbar nach dem allerersten Gespräch besuchte er reihum die Kollegen im Kirchenbezirk und berichtete: „Stellt euch vor, was der Superintendent über mich behauptet … Er will meine Familie zerstören und mich kaputt machen.“

Und sie stellten sich hinter ihn, fast alle, bis auf sehr wenige Ausnahmen, über viele Monate. „Literat“ hatte jahrzehntelang hinter einer Maske gelebt, keiner hat sie durchschaut und keiner wollte sie durchschauen.

Die Gauck-Behörde klärte schließlich auf. Die Maske wurde durchsichtig. Alles Lügen verhinderte nicht die fristlose Entlassung. Für die ehemalige Pfarrersfamilie begann eine unvorstellbar harte Zeit.

Nur einige der Pfarrer entschuldigten sich später bei mir für ihr Verhalten. Wunden sind geblieben.

Rechenschaftsbericht am 1. Februar 1990

Wer die Gegenwart verstehen und bestehen will, muss sich um die Vergangenheit kümmern.

Die Stadtverordnetenversammlung tagte, und der Rechenschaftsbericht des Bürgermeisters Dr. K. war angesagt. Einige Vertreter des Runden Tisches saßen – ohne Einladung – in den hinteren Reihen.

Der Bericht war eine Aneinanderreihung von unwahren Erfolgsmeldungen über die wirtschaftliche und soziale Situation der Freiberger Bürger. Dafür kein Wort von der Straßenschlacht zwischen Volkspolizei und Freiberger Bürgern, von den Demonstrationen und Kundgebungen, kein Wort über den Runden Tisch, kein Wort über die Probleme in Wirtschaft und Gesellschaft.

Ich meldete mich in der Pause zu einem Beitrag an. „Bitte geben Sie ihren Beitrag schriftlich ein", antwortete der Bürgermeister. Ich weigerte mich.

Zu Beginn der Aussprache drängelte ich mich – zugegeben: etwas unfair – gleich in den Anfang der Reihe der Redner hinein und stellte mich, während der erste „Diskussionsbeitrag" noch lief, startbereit neben das Rednerpult.

Meinen Beitrag begann ich wörtlich: „Meine Damen und Herren, warum lassen Sie sich das eigentlich gefallen, diese Aneinanderreihung von Lügen und Verfälschungen? Sie wissen doch alle, dass die Wirklichkeit bei uns ganz anders aussieht." Ein Sturm der Zustimmung brach los.

Ich versuchte, Nüchternheit unter den Abgeordneten zu wecken: „Lassen Sie Ihren Beifall, ebenso haben Sie vor wenigen Minuten dem Bericht applaudiert ...“

Nach wenigen Minuten unterbrach der Diskussionsleiter: „Der Vorstand zieht sich zur Beratung zurück, die Sitzung ist unterbrochen.“

Währenddessen hat zu Hause meine Frau für mich etliche Besucher vertröstet und wütende Telefonanrufer beruhigt, die sich bei „der Kirche“ darüber beschweren wollten, dass der obdachlose Erich Honecker ausgerechnet in einem Pfarrhaus Asyl gefunden hat.

Nun musste ich meiner Frau per Telefon sagen: „Es wird bei mir noch länger dauern, bitte übernimm meine Konfirmandenstunde in 20 Minuten.“ Wie sie das alles geschafft hat, weiß ich nicht.

Im Ratssaal wurde an diesem Abend durch ein Misstrauensvotum der Bürgermeister Dr. K. von seinem Amt suspendiert.

Nun hatten wir, der Runde Tisch, den Hut auf, aber geplant war das eigentlich nicht, und vorbereitet darauf waren wir auch nicht.

Evangelische Kirche in der DDR

1. Wer den Weg der evangelischen Kirche durch die Epoche der Nachkriegsjahre und der DDR-Herrschaft nicht nur betrachten, sondern auch verstehen will, muss drei Grundvoraussetzungen beachten.

   a) „Den“ Protestantismus in der DDR oder „die“ Kirche in der DDR gab es so wenig, wie es „die Kirche in der BRD“ gab oder gibt. Der Lebensalltag und der Versuch, trotz Einschränkungen ordentliche kirchliche Arbeit zu leisten, auch der Umgang mit staatlichen Stellen war nicht nur zwischen den Landeskirchen unterschiedlich, sondern der Riss ging oft mitten durch eine Ortsgemeinde, sogar durch manche Familien hindurch. Meine Erfahrungen stammen aus der Evangelisch-Lutherischen Landeskirche Sachsens, aus der Arbeit auf dem Dorf im Vorerzgebirge, in der Evangelischen Studentengemeinde, der Stadt Leipzig und dem Kirchenbezirk Freiberg.

   b) Die Ereignisse von damals müssen im Lichte von damals und mit den Erkenntnissen von damals beurteilt werden. Das fällt uns inzwischen allen schwer. Zu diesen Erkenntnissen gehörte auf keinen Fall, dass es berechtigte Hoffnung auf ein baldiges Ende des DDR-Staates gab. Im Gegenteil: Nach den Erfahrungen des 17. Juni und des Ungarnaufstandes, besonders nach dem Mauerbau, dem Jahr 1968 und der Breschnew-Ära musste man davon ausgehen, dass die DDR noch sehr lange bestehen kann.

   c) Wenn Gott mit dem Gelingen der Wende zu tun hatte, hatte Gott auch damit zu tun, dass unser Weg in die DDR und durch deren Unterdrückung führte. Das heißt konkret: Wir gingen davon aus, dass Gott uns in diesem Landesteil und unter dieser Staatsform als Kirche haben wollte. Unsere Frage war nicht zuerst: „Warum lässt Gott die atheistische Diktatur zu?" Diese Frage beantworteten wir in der Regel mit dem Verweis auf die Folgen der Hitler-Diktatur und auf die Schuld der Deutschen. Unsere Grundfragen waren und bleiben: „Wo ist Gott in unserem Alltag zu entdecken und wo will Gott uns aktiv als Kirche haben?"

2. War die Kirche in der DDR eine Nischenkirche?

a) Für Außenstehende stellt sich Kirche in der DDR oft so dar, dass sich das Christsein im abgeschlossenen innerkirchlichen Raum (also in einer Nische) vollzog und dass Kirche in der gesellschaftlichen Öffentlichkeit keinerlei Rolle spielte, weil sie dort nicht vorkam. Praktisch wäre das nur möglich gewesen, wenn man außerhalb der schützenden Kirchenmauern das Christsein nicht nur ablegte, sondern leugnete. Natürlich gab es derartige Versuche („Mein Betrieb darf nicht erfahren, dass unser Junge zur Konfirmation geht"). Diese Versuche waren jedoch nur von kurzer Dauer, weil persönliche Entscheidungen unausweichlich blieben und an den Arbeitsplätzen bekannt wurden (Jugendweihe, Parteieintritt ...). Sehr oft fielen Entscheidungen in solchen Fällen zuungunsten der Kirche aus.
Im Laufe der Jahre passten sich – in der Regel um persönlicher Vorteile willen – 98 % der Bevölkerung bestimmten Forderungen des Staates an: Die Kinder schickte man zu den Jungen Pionieren, anschließend in die FDJ, man selbst war im FDGB organisiert, und am 1. Mai demonstrierte man mit Plakat oder Fahne in der Hand gegen die Kapitalisten und NATO-Krieger in der BRD, also nicht selten gegen die

eigenen Verwandten. Der evangelischen Kirche gehörten am Ende nur noch 20 bis –25 % der Bevölkerung an.

b) Dass die kommunistischen Herrscher der DDR zunächst sichtbar und aktiv, dann mehr verdeckt die Kirche aus der Gesellschaft zu verdrängen versuchten, war von Anfang an ersichtlich. Ich erinnere an folgende Situationen: 1951–53 wurden die Junge Gemeinde und die Evangelische Studentengemeinde als illegale Organisationen bezeichnet, einzelne Mitarbeiter wurden verhaftet, Schüler und Studenten wurden – mitunter unmittelbar kurz vor dem Abitur – aus den Schulen entfernt. Ab 1. Januar 1953 wurde der Religionsunterricht an den Schulen verboten. Nur in sehr wenigen Fällen gab es Ausnahmen. Am 28. April 1953 wurde die Junge Gemeinde „verboten". Ebenfalls 1953 wurden eine große Zahl von Einrichtungen der Inneren Mission (Diakonisches Werk) unter grob verfälschten Anschuldigungen geschlossen oder unter staatliche Verwaltung gestellt.

   1954 wurde die Jugendweihe als Gegensatz zur Konfirmation aufgebaut; später folgten sozialistische Ersatzhandlungen für Taufen, Trauungen und Beerdigungen. Oft war die Ablehnung einer Teilnahme an derartigen Ersatzhandlungen mit persönlichen Benachteiligungen in der Ausbildung der Kinder beziehungsweise im Beruf der Eltern verbunden.

   Der Abschluss des Militärseelsorge-Vertrages 1957 in Westdeutschland wurde zum erneuten Anlass genommen, von den Evangelischen Landeskirchen in der DDR die Trennung von der (gesamtdeutschen) Evangelischen Kirche in Deutschland (EKD) zu fordern. Propst D. Heinrich Grüber wurde ab 1958 nicht mehr als Bevollmächtigter der EKD-Ost anerkannt. Die Kirchen lehnten alle diese Forderungen ab, waren aber gegenüber dem totalitären Staat machtlos.

Am 12. Februar 1958 folgte als ein Schlag gegen den kirchlichen Unterricht der „Lange-Erlass". Vorgeschrieben werden mindestens zwei Zwischenstunden zwischen Schulunterricht und außerschulischen Veranstaltungen. Das erschwerte die Sammlung der Kinder für den kirchlichen Unterricht, besonders in dörflichen Situationen mit Schul-Sammelbussen.

Die neue DDR-Verfassung von 1968 schmälerte beträchtlich den Rechtsboden für die kirchliche Arbeit. Den Kirchen wurde das Recht genommen, zu Lebensfragen des Volkes aus ihrer Sicht öffentlich Stellung zu nehmen.

Diese Anti-Kirchen-Politik wurde in den SED-Tageszeitungen propagiert. Diese waren offizielles Sprachorgan der Regierung, das heißt, was dort veröffentlicht wurde, war Meinung der Regierung und galt als „offiziell". Darum zog der Einzelne seine persönlichen Schlussfolgerungen aus diesen Verlautbarungen.
So erschien 1954 folgende offizielle Pressemeldung: „Die Organisationen eines neuen Weltkrieges in den USA und in Westdeutschland verstärken ihre Anstrengungen, um durch Provokationen den Aufbau in der DDR zu stören und zu hemmen. Sie finden die Unterstützung der Leitungen der Ev. und Kath. Kirche. Diese, mit Dibelius, Lilje, Frings u. a. an der Spitze, stehen offen auf dem Boden der Adenauer-Politik der Militarisierung, des Revanchismus und Chauvinismus. Zur Durchsetzung ihrer verbrecherischen Ziele benutzen sie in der Deutschen Demokratischen Republik die Kirche und ihre Einrich-

tungen als stärkste legale Position der imperialistischen Kräfte ..." Wer hatte nach dieser Meldung noch Mut, sich öffentlich zur Kirche zu bekennen? Die klare Absicht dieser Pressepolitik war, dass sich die Bevölkerung – aus Angst vor persönlichen Nachteilen in Schule und Beruf – von der Kirche abwendet. Die willkürlichen Verhaftungen in den ersten zehn Nachkriegsjahren waren zudem noch prägend im Gedächtnis.

Andererseits versuchten ab Mitte der 50er-Jahre staatliche und gesellschaftliche Organisationen, Christen und Landeskirchen für sich zu vereinnahmen. So propagierte die Ost-CDU regelmäßig: „Wir haben die gleichen humanistischen Ziele!"
Durch die publizistische Verwertung solcher Thesen und Kontakte glaubte man, kirchliche Mitarbeiter und Gemeinden beeinflussen und gegenüber der Öffentlichkeit den Eindruck intakter Staat-Kirche-Beziehungen vermitteln zu können. Solche Verbrüderungen gab es natürlich. Es stimmt also das Reden von der Nischengesellschaft: Die DDR war eine Nischengesellschaft. Seinen persönlichen Alltag versuchte man in privaten, kirchlichen, sportlichen und anderen Nischen zu gestalten und zu leben, besonders in Gartengruppen, Kaninchenzüchtergruppen, Sportgruppen, Musikgruppen. Sie alle – außer den kirchlichen – waren staatlich organisiert und kontrolliert. „Vereine" gab es nicht. Dennoch wusste kein Außenstehender genau, was in den einzelnen Nischen gespielt wurde.

Darum gibt es heute den Streit unter den Ostdeutschen, was denn wirklich „die DDR" war. Diesen Gruppen gegenüber waren die Kirchgemeinden nur teilweise eingegrenzt und nur schwer zu kontrollieren. Darum versuchte man, sie durch Spitzel auszukundschaften. Auch das gelang nur teilweise, gar nicht im kirchlichen Unterricht. Es kam also auf das Geschick und den Mut einzelner Mitarbeiter an. Die Arbeit der diakonischen Einrichtungen – besonders die Behindertenarbeit – war in späteren Jahren ausgesprochen erwünscht, weil der Staat diese sozialen Aufgaben selbst nicht abdecken konnte bzw. wollte.

Das alles bedeutete statistisch, dass der Minimierungsprozess sich bereits in den ersten Jahren enorm auswirkte. SED-Mitgliedschaft und bestimmte Berufe (Polizei) schlossen die Zugehörigkeit zu einer Kirche aus. Der Kirchenaustritt war hier Voraussetzung.
Für viele erschien die Mitgliedschaft bzw. Mitarbeit in einer Partei oder einer gesellschaftlichen Einrichtung lebenswichtiger als die Kirche. Auch in der Volksarmee wurde (trotz Wehrpflicht) gezielt und persönlich für den Kirchenaustritt geworben. Nicht unbedeutend für diese Entwicklung war die Vertreibung bestimmter (meist kirchlich gebundener) Gesellschaftsschichten nach dem Krieg und die Fluchtbewegung vor 1961 in die Bundesrepublik Deutschland.

c) Das schlagkräftigste Machtinstrument der DDR-Diktatur war die allgemeine Rechtlosigkeit in vielen Bereichen des DDR-Alltages. Der Einzelne wusste nicht, wie die Staatsorgane reagieren, wenn man dies oder das tut (im Verkehrsrecht und bei sogenannten Ordnungswidrigkeiten wurde diese Rechtlosigkeit besonders erfahrbar).

d) Rückschauend müssen wir uns fragen, ob wir den Weg der Kirche in die Minderheit zu schnell als den von Gott geführten Weg akzeptiert haben. Andererseits hat die Minorisierung auch zu einer intensiveren, verantwortungsvollen und lebendigeren Gemeindearbeit geführt. Wer sich entschieden hatte, wirkte auch aktiv am Gemeindeleben mit, der war auch bereit, hier seine Kraft einzusetzen, hier sein geistliches Zuhause zu sehen, Vertrauen zu gewähren und Vertrauen zu empfangen. Für diese Gemeindeglieder wie auch für die meisten Mitarbeiter der Kirche zählte das Evangelium weit mehr als die politische Alltagsklugheit und mehr als ein möglicher Verdienstausfall.

Wenn es um kirchliche Forderungen – besonders bei Behinderungen in der Ausbildung und im Berufsleben von Gemeindegliedern – gegenüber dem Staat ging, war die Kirche auf die Bereitschaft der Einzelnen, sich als Gemeindeglied öffentlich zu bekennen, geradezu angewiesen. So war das Eintreten der Kirche für Jugendliche, die wegen Teilnahme an der Konfirmation von der Erweiterten Oberschule (EOS) abgelehnt wurden, eher kontraproduktiv, wenn die Eltern nicht bereit waren, selbst vor den Staatsvertretern zu ihrer Haltung zu stehen. Als nach Einführung der allgemeinen Wehrpflicht 1962 auf Drängen der Kirchen 1964 die Baueinheiten geschaffen wurden, wurden unsere Erwartungen im Blick auf die Zahl der Bewerbungen Jugendlicher zunächst enttäuscht. Man scheute sich, eventuell berufliche Nachteile in Kauf nehmen zu müssen.

Als 1970 eine neue, verschärfte Veranstaltungsverordnung kam, nach der fast alle Gemeindeveranstaltungen angemeldet werden sollten und in deren Folge eine Menge Ordnungsstrafverfahren – immer gegen einzelne Personen, nicht gegen „die Kirche" – durchgeführt wurden, war „das Geschrei" groß, die Zivilcourage auch unter kirchlichen Mitarbeitern gering.

1978 wurde – gegen Proteste und Kanzelabkündigungen der Kirchen – der Wehrkundeunterricht in der Schule eingeführt. Später wurde auf Drängen der Kirche die Möglichkeit gegeben, dass Schulleiter beziehungsweise Lehrer auf Antrag der Eltern ihre Kinder von dieser militärischen Ausbildung freistellen konnten. In der Regel jedoch scheuten sich die Eltern vor solchen Anträgen aus Angst vor nicht einkalkulierbaren Nachteilen für ihre Kinder.

Albrecht Schönherr berichtet in seinen Erinnerungen „... aber die Zeit war nicht verloren“:

„Die Bedenken, die ich dem Staatssekretär gegenüber äußerte, fruchteten nichts. Ich habe mich darauf beschränken müssen, für die Jugendlichen und Eltern ein Wort einzulegen, die dem (obligatorischen) Wehrunterricht fernbleiben würden. Es wurde mir zugesagt, man wolle auf Zwangsmaßnahmen verzichten, auf dem Zeugnis aber vermerken: ‚Unentschuldigt gefehlt‘. Ich wies diese Version zurück: Gerade ein solcher Vermerk sei diskriminierend. Daraufhin wurde mir zugesagt, man wolle auch darauf verzichten. Später hörte ich, dass ein Funktionär triumphierend geäußert habe: ‚Die Zahl der Nichtteilnehmer sei so klein. Wir können großzügig sein.‘“

3. War die Kirche in der DDR eine „politische Kirche“?

Meine Antwort lautet eindeutig: Nein! Wir hatten nicht die Politik zuerst im Kopf, sondern die Theologie. Mit manchen theologischen Schriften haben wir jahrelang regelrecht gelebt, ich denke dabei an Bücher und Briefe von Dietrich Bonhoeffer und Karl Barth. Besonders festzuhalten ist: Wir haben regelmäßig die Bibel aufgeschlagen – nicht nur zu besonderen Anlässen, sondern immer wenn wir zusammenkamen in den Tagungen der Syno-

de, in Mitarbeiterbesprechungen, in der Christenlehre, mit den Konfirmanden, in der Jugendarbeit. Auch mit theologischen Streitfragen haben wir uns intensiv auseinandergesetzt, wir in Sachsen immer wieder mit Luthers „Zwei-Reiche-Lehre“.
Wichtig war uns bei unserer Verkündigung: Sie sollte für jedermann verständlich sein, auch für den, der noch nie in seinem Leben eine Kirche von innen gesehen beziehungsweise sich noch nie mit der Bibel oder mit christlichem Glauben und christlicher Tradition auseinander gesetzt hat.

Oft bekamen theologische Aussagen oder Gebrauchstexte im Alltag ungewollt eine höchst brisante politische Dimension (in Westdeutschland hatte man diese schlicht überhört!), und nicht selten wurde man ihretwegen in eine bestimmte politische Ecke gestellt. In der zweiten Strophe des Liedes „Gib uns Frieden jeden Tag ...“ heißt es: „Denn durch dich, unsern Gott, sind wir frei in jedem Land.“ Oder ich denke an die Texte „Herr, deine Liebe ist wie Gras und Ufer ... Frei sind wir da, zu wohnen und zu gehen, frei sind, Ja zu sagen oder Nein ...“ und „Wenn das Rote Meer grüne Welle hat, dann ziehen wir frei ...“ Man muss wissen: Nicht selten wurden (gewollt und ungewollt) harmlose Gesten oder Symbole zu öffentlichen Bekenntnissen und zu politischen Äußerungen mit nicht unerheblichen Folgen. Ich erinnere an die Aufnäher „Schwerter zu Pflugscharen“, an das Kreuz an der Halskette einer EOS-Schülerin, das Kirchgemeinde-Blatt, das in der Schultasche gefunden wurde. Christlicher Glaube galt in der Schule als Angriff auf wissenschaftliches Denken. Darum musste nicht nur die Kirchenmitgliedschaft, sondern besonders der persönliche Glaube vielfach vor der Schulklasse verteidigt werden. Von diesen Auseinandersetzungen mit staatlichen

Behörden waren Gemeindeglieder – besonders die Schulkinder – wesentlich stärker betroffen als die Kirchenleitungen und als die kirchlichen Mitarbeiter, weil diese keinen staatlichen Arbeitgeber hatten und dadurch unabhängiger waren. Ein Arbeiter im VEB musste nicht selten seine persönlichen Ansichten und Überzeugungen öffentlich verteidigen.

Dennoch kann Kirche in der DDR gerechterweise nicht vorrangig politisch gemessen werden. Wir wollten Gemeinde Jesu Christi sein, nicht eine politische Partei. Aber Kirche muss darauf bestehen, dass sie andere Motive und Lebensformen hat als „die Welt".

4. War die Kirche in der DDR ein Teil der Gesellschaft?

a) Neutestamentlich ist ohne Zweifel: Sowohl Jesus als auch die Apostel haben bewusst in der gesellschaftlichen Öffentlichkeit gewirkt. Sie haben die Christen nicht zu einer Existenz im abgeschlossenen Raum, sondern in eben der jeweiligen Öffentlichkeit aufgerufen. Wir haben laufend betont: Christliche Kirche ist an keine Gesellschaftsform gebunden, sie lebt und wirkt unabhängig von ihr, wenn auch immer als ein Teil von ihr. Kirche ist Teil der Gesellschaft als Institution (gesellschaftliche Gruppe), und Kirche ist Teil der Gesellschaft als der Anteil der Christen in der Bevölkerung, und zwar in allen Schichten der Bevölkerung. Mehr wollten wir auch in der DDR nicht sein, wir erwarteten keine Privilegien. Öffentliche Auftritte waren in der Regel verboten. Ich denke an vergebliche Auseinandersetzungen um einen Auftritt eines Posaunenchores auf dem Obermarkt in Freiberg. Kirchliche Auftritte waren nur auf kircheneigenem Gelände erlaubt.

Aber es gehört geradezu zur Charakteristik der Kirche, dass die Christen in allen Situationen ihres Alltages ihre Prägung zeigen und sich in allen Entscheidungen von ihrem Glauben leiten lassen. Wenn dieser Teil der Gesellschaft positiv auffällt, wird die Frage nach dem Motiv ihres Handelns und damit nach dem Glauben gestellt. Kirche muss also als Institution und als Bevölkerungsanteil im Bild der Öffentlichkeit erscheinen.

b) An eben dieser Öffentlichkeitswirkung war den DDR-Machthabern nicht gelegen. Nachdem der offene Kampf gegen die Kirche beziehungsweise das Verdrängen in kirchliche Räume ohne die erhofften schnellen Erfolge blieb, wollte man Kirche durch das Vergessen auslöschen. Das war eine für die Kirche gefährliche Strategie. Denn solange Kirche selbst nicht an einer Öffentlichkeitswirkung arbeitet, begibt sie sich selbst in die Gefahr, von der Öffentlichkeit in eine Nische, in ein unbedeutendes Abseits gedrängt zu werden. In dieser Nische wird sie eines Tages unbedeutend. Das ist bis heute unsere ständige Gefahr. Dagegen steht das Bild aus der Bergpredigt von der Stadt auf dem Berge. Darum haben wir z. B. die Schaukastenarbeit als wichtigen Arbeitszweig besonders ernst genommen; hier gab es nicht wenige Auseinandersetzungen und „Ordnungsstrafen".

Die Bundessynode in Schwerin hat 1973 die (eigentlich ungewollte) Formel von der „Kirche im Sozialismus" konkretisiert: „Kirche im Sozialismus wäre die Kirche, die dem christlichen Bürger und der einzelnen Gemeinde hilft, dass sie einen Weg in der sozialistischen Gesellschaft in der Freiheit und Bindung des Glaubens finden und bemüht sind, das Beste für alle und für das Ganze zu suchen."

Wir wollten eben nicht „sozialistische Kirche“, nicht Kirche in einer Nische oder Kirche als lästige Randerscheinung sein; die Formel sollte (da sie einmal im Raum stand) ermutigen, sich einzumischen, mitzureden. Ob wir wirklich immer alle vorhandenen Möglichkeiten, in die Öffentlichkeit zu gehen, ausgenutzt haben oder uns in der Windstille geborgener fühlten, bleibt – im Blick auf einzelne Situationen – zu hinterfragen.

Andererseits haben wir betont, dass gerade als Teil der Gesellschaft der einzelne Christ nicht auf die besondere Gemeinschaft der Christen verzichten kann. In dieser Gemeinschaft erfolgte die geistliche Zurüstung und Information für die Auseinandersetzung im beruflichen oder schulischen Alltag. Das erforderte zum Teil auch neue Gemeindeformen. Die Gemeindearbeit in überschaubaren Gruppen war unser Weg: die Christenlehre (betont anders als der heutige Religionsunterricht) und die Hauskreise. Intensiviert haben wir auch Zuzugsbesuche in Neubaugebieten durch Besuchergruppen, wenn diese auch als „unerlaubte Werbung“ verboten waren. Diese Gemeindegruppen waren nicht Privatkirche, sondern Teil der Gemeinde, was zum Ausdruck kommen musste in zentralen Treffpunkten, den Gottesdiensten und Gemeindefesten.

5. Die Kirche in der DDR als Gegenüber zur Gesellschaft

Wir haben versucht, von der Bibel her zu leben und zu entscheiden. Besonders in den ersten Jahren nach Gründung der DDR waren zwei biblische Bilder für nicht wenige Gemeinden wegweisend:

a) Viele sahen sich als Kirche in der DDR im Bild des wandernden Gottesvolkes durch die Wüste (2. Mose 14 ff.). Das Volk Israel wandert hier unter der Führung Moses 40 Jahre – mal vertrauend, mal protestierend, mal hoffnungsvoll, mal verzagt – durch eine bedrohliche Wüstenlandschaft; sie schlagen in den jeweiligen Etappen ihre Zelte auf und sind hier Volk Gottes: nicht abwartend oder überwinternd, sondern sehr aktiv (aus dieser Zeit stammen die Zehn Gebote). Dabei ist die Wüste nicht der gesuchte Ort der Kirche, sie ist eigentlich unbedeutend. Sie wird dennoch prägend für die Ängste und für die Hoffnungen. Aber man weiß mehr oder weniger: Gott will uns hier haben.
So sahen wir uns auf dem Weg durch unterschiedliche Gesellschaftsordnungen, wohl wissend, auf keine angewiesen zu sein, nicht auf das Kaiserreich, nicht auf die Weimarer Republik, die Nazizeit und auch nicht auf die DDR. Vor diesem Hintergrund war nicht angesagt, ein neues Gesellschaftsmodell entwickeln zu müssen. Wir wollten nur in den jeweiligen Gesellschaften unsere von Gott gestellten Aufgaben erkennen, auch als Minderheitskirche. Manche fühlten sich aus dieser Sicht heraus verpflichtet, das Streben nach einer gerechteren Gesellschaft ernst zu nehmen, gleich in welcher Gesellschaftsordnung sie leben. Natürlich war es eine Utopie, eine Diktatur wie die der DDR grundsätzlich verändern zu können.
In der Erfahrung solcher „Wüstensituation" erlebten wir immer wieder die besondere Nähe Gottes. Auf diese Erfahrungen möchte ich nicht verzichten.

b) Andere sahen sich mehr im Bild des Gottesvolkes im Exil (nach Jeremia 29). Die nach Babel Weggeführten wussten sich in der Fremde; ihr eigenes Land war Vergangen-

heit und Zukunft. Nun aber zwischendurch sollen sie in der Fremde Häuser bauen und ihr Leben gestalten, wohl wissend, dass Gott sie begleitet und auch hier zu erfahren ist. Aber es bleibt die Fremde.
Die Zeit der Gefangenschaft musste erlitten werden, und es kam darauf an, das Leben so zu gestalten, dass man die Zukunft, das eigentliche Leben im Gelobten Lande noch erreicht. Die Volkskirche alten Stils musste erhalten bleiben. So fühlten sich nicht wenige kirchliche Mitarbeiter als „Bürger der Bundesrepublik mit einem festen Wohnsitz in der DDR". Das führte nicht selten zu innerkirchlichen Auseinandersetzungen.

c) Parallel dazu und verstärkt in den letzten Jahren gab es biblische Texte, die uns prägend durch die Gemeindearbeit begleiteten: die Bergpredigt Jesu und die Kreuzigungs- und Auferstehungsberichte, die Briefe des Apostels Paulus, die Psalmen des Alten Testamentes, der Prophet Jesaja … Wie ein roter Faden zogen sich Überlegungen zur Rechtfertigungslehre durch die Gespräche in den Gemeindegruppen.

d) Im Laufe der Jahre mussten wir erfahren, dass sich die vom Staat geprägte Gesellschaft auch ihrerseits immer mehr von der Kirche entfremdete. Da die DDR-Bevölkerung unter permanentem Druck in eine weltanschaulich orientierte Ordnung gepresst wurde, musste sie im Laufe der Jahre die Kirche als etwas Fremdes, sogar Feindliches, zumindest Behinderndes ansehen. Und so wurde die Kirche auch von der Gesellschaft (nicht nur vom Staat) in die Schranken gewiesen:
   - Man verstand kirchliches Handeln und Reden oft nicht mehr.

- Man wollte den kirchlichen Einfluss vielfach nicht, weil man wusste, dass „der Staat“ anders denkt, und der Staat hat den längeren Arm; wer als Staatsfeind bekannt war, wurde oft gemieden, um nicht mit ihm in einen „Topf“ zu geraten. „Lass mich mit Kirche in Ruhe, ich habe genug Probleme!“

Nicht selten sind auch kirchliche Mitarbeiter in der Öffentlichkeit – beispielsweise bei Elternversammlungen in der Schule – lieber untergetaucht, statt einen gesunden und berechtigten „Produktstolz“ zu zeigen. Dass die Kirche in der „Wende“ dann so in Anspruch und in eine politisch verantwortliche Stellung geholt wurde, erscheint manchmal wie ein Wunder. Es war letztlich ein Segen, weil durch die kirchlichen Aktivitäten die Revolution von 1989 unblutig verlief.

e) Ist die DDR überwunden? Ein verfallenes Haus lässt sich in relativ kurzer Zeit wiederherstellen; die Stadtbilder beweisen das. Die Prägungen im Menschen brauchen dagegen lange, sehr lange, bis sie verarbeitet oder überwunden sind. Das hat nichts mit Ost oder West zu tun, sondern mit dem Menschen.
Spuren der DDR-Zeit sind auch bei uns noch da, bei jedem Einzelnen und bei uns als Gesellschaft. Der Zulauf der Menschen zur Kirche in den Wendemonaten war nicht Folge einer „Erweckung“, nicht einmal Interesse am Glauben der Christen. Es war einfach politische Alternativlosigkeit. Wir haben ihnen ein Dach geboten; und zu einem Dach gehören schützende Mauern. Das war keine Kleinigkeit und auch für uns nicht selbstverständlich. Denn Kirche ist für alle da, aber nicht für alles. Es war damals völlig richtig, und wir würden es wohl wieder so machen.

Zu den „Spuren“ der Vergangenheit gehört, dass vielfach die neue Freiheit als Verlassensein empfunden wird, nicht als Aufgabe. Aber auch die noch weit verbreitete Tradition der Jugendweihe in Ostdeutschland (Jugendweihe gibt es auch in Westdeutschland, aber nur in sehr geringen Zahlen) gehört zu den „Spuren“ der DDR. Hier sehe ich besonders dringliche Notwendigkeiten für unsere kirchliche Arbeit in Ostdeutschland. Die Weitergabe unserer Werte, das Leben im Glauben in der Familie und im Beruf, das Offensein für andere, unbekannte Mitmenschen – das sind die besonderen Aufgaben, die wir haben.

Hier ist ein langer Atem notwendig. Aber es gibt auch positive Erfahrungen. In den 80er-Jahren hatte ein LPG-Direktor sein brandenburgisches Dorf zum „sozialistischen Musterdorf“ erklärt. Nur eine 70-Jährige musste noch umgesiedelt werden, dann war das Dorf „christenfrei“. Heute gibt es hier wieder eine Gemeinde, regelmäßige Gottesdienste und sogar eine Jugendgruppe. Christliche Freiheit, verantwortlich wahrgenommen, wirkt wie eine ansteckende Gesundheit. Das ist es, was uns zuerst nottut.

„Blühende Landschaften"?

Um es gleich vorweg zu sagen: Ich bin dankbar für die „Wende" und glücklich darüber, dass die Zeit der DDR-Diktatur vorüber und dass Deutschland wieder vereint ist. Ich weiß auch, dass nicht alle Deutschen darüber glücklich sind.

Manchmal habe ich den Eindruck, dass es manchem an der Fähigkeit mangelt, die heutigen Dinge objektiv zu sehen und mit der Vergangenheit in der DDR zu vergleichen. Natürlich gibt es in jedem blühenden Garten auch Unkraut und auch kahle Stellen, aus denen man noch etwas machen muss.

„Jeder Tote wird vergoldet, ganz gleich, wie er im Leben wirklich war, denken Sie daran", hatte uns im Studium mein theologischer Lehrer gesagt, damit wir uns immer ein eigenes Bild machen und uns nicht auf das Reden anderer verlassen.

Natürlich ist im Einigungsprozess nicht alles gut gelaufen, und für manche Alltagsfreude, ich denke an das Westpaket zu Weihnachten oder an den Augenblick, als ich den über lange Zeit „gejagten" Auspuff für mein Auto in der Hand hielt, wurde die Grundlage zerstört. Auf diese „Freuden" will ich im Blick auf das nach 1990 Erreichte gerne verzichten.

Was ich auch nicht aufhöre zu betonen: Durch die Einheit ist Deutschland nicht größer geworden. Man hört so oft das Gegenteil, auch von sehr hochrangigen Politikern. Wo lag ansonsten Deutschland, im Westen oder im Osten? Deutschland ist wieder eins geworden, und Deutschland ist umgeben von Freunden. Das allein ist Grund, sich über die Einheit zu freuen.

Menschen aus zwei Staaten mit so unterschiedlichen Erfahrungen, Erlebnissen, Entbehrungen, Leiden und Hoffnungen überhastet zusammenzuwerfen wird immer schwerwiegende Folgen haben. Und mancher in Ostdeutschland empfindet die Freiheit, die nun auch mit Eigenverantwortlichkeit verbunden ist, als Verlassenheit. Vielleicht musste das auch in Deutschland zu gegenseitigen Vorwürfen und zu einer zunehmenden Entfremdung führen.

Einmal habe ich auf dem Freiberger Obermarkt Pfiffe geerntet, als ich die euphorischen Ausbrüche über eine Einheit Deutschlands dämpfte mit der Bemerkung: „Der Weg zur Einheit wird durch ein langes, dunkles Tal führen und er wird auch Tränen kosten."

Wir, die Ostdeutschen, haben aber einen Schatz weiterzugeben, den in Westdeutschland kaum einer hat: die Erfahrungen eines Lebens unter besonderen Bedingungen und wie uns hier Gott – wenn wir das wollten – hindurchgeführt hat.

Auch die andere Erfahrung: Erstmals in der Geschichte Deutschlands ereignete sich eine Revolution ohne Blutvergießen: Das haben wir geschafft, wir, nicht andere! Warum erfüllt uns das eigentlich so wenig mit Stolz und Freude? Und Deutschland ist seit der „Wende" in Europa erstmalig in der Geschichte umgeben von Freunden! Warum reden wir nicht mehr über diese Gründe zur Freude?

Erst wenn es zu einer wechselseitigen Stärkung der Selbstachtung kommt, wird die Verschiedenheit von Ost- und Westdeutschen fruchtbar hervortreten, eine Verschiedenheit, die nicht durch das Ungleichgewicht in der Selbstbehauptung bestimmt wird, sondern die aus den Prägungen der Geschichte hervorgegangen ist.

Dieser Prozess ist noch lange nicht abgeschlossen. Ich wiederhole mich: Ein verfallenes Haus läßt sich in relativ kurzer Zeit wiederherstellen; die Stadtbilder in Ostdeutschland beweisen das. Dagegen brauchen die Prägungen im Menschen lange, sehr lange, bis sie verarbeitet oder überwunden sind. Das hat nichts mit Ost oder West zu tun, sondern mit dem Menschen. Darum lässt mancher Fortschritt auf sich warten, und viele Enttäuschungen bleiben uns nicht erspart. Wir brauchen Geduld, viel Geduld.

Dass es den DDR-Diktatoren gelungen ist, bei der Mehrheit unserer Bevölkerung den christlichen Glauben zu zerstören, gehört zu den Enttäuschungen und zu den bittersten Hinterlassenschaften der DDR. Ich habe nie einen Massenansturm auf die Kirchen nach der Wende erwartet. Aber dass wir nur noch wenige Christen sind, ist auch für unser Land ein großes Unglück.

Denn eine Demokratie lebt von dem, was die Bürger einbringen. Wir alle in Europa leben von den Zinsen des Christentums, auch wer das von seinem Glauben her nicht zugeben kann. Darum ist es wichtig, aus dem christlichen Glauben auch die Zukunft zu gestalten.

Der Prozess der Einheit in Freiheit dauert an, und wir alle, jeder Einzelne, ist daran beteiligt. Wir werden entweder diesen Prozess voranbringen oder helfen, dass er irgendwo versandet und misslingt.